Sekundarstufe

Friedhelm Heitmann

Plattentektonik

Vulkane, Erdbeben & Co

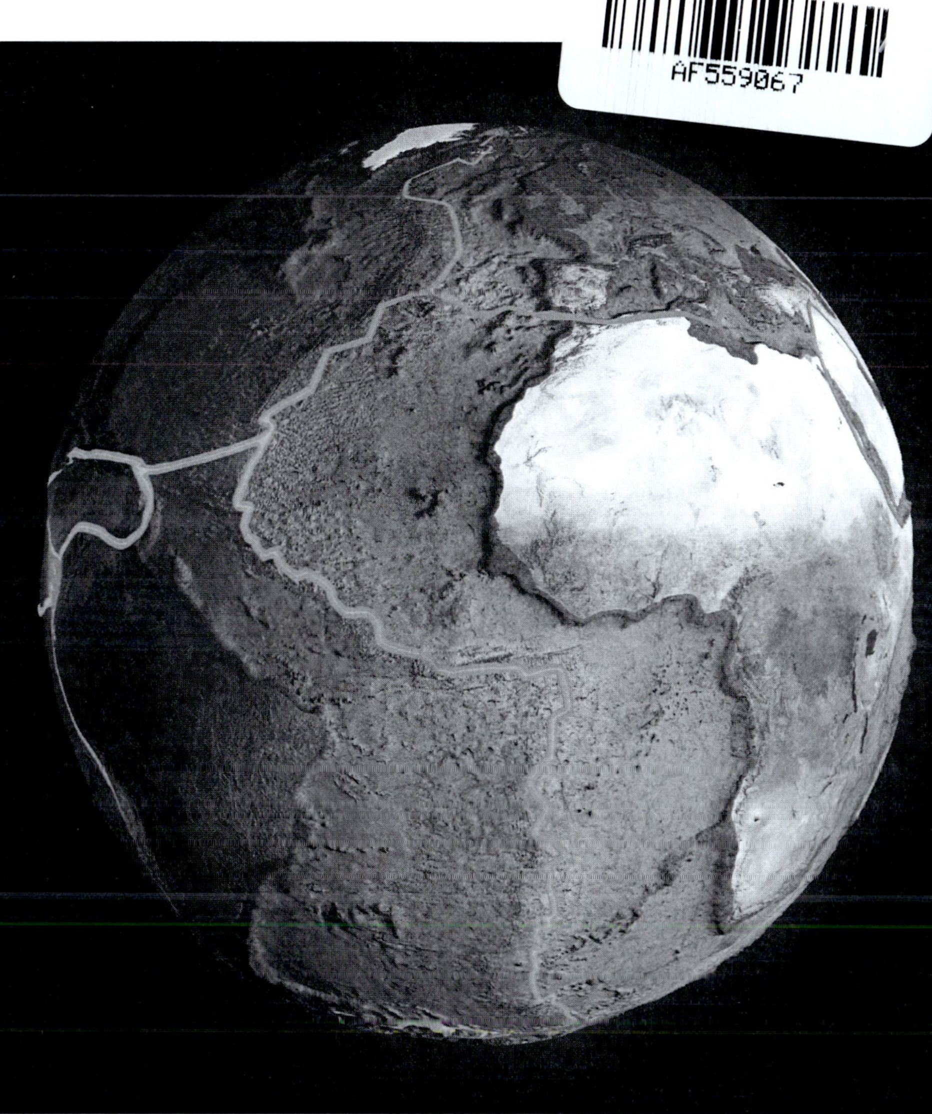

Naturphänomene halten uns in Atem

www.kohlverlag.de

Plattentektonik

Vulkane, Erdbeben & Co

8. Auflage 2021

Inhalt: Friedhelm Heitmann
Coverbild: © Naeblys & Mopic - fotolia.com
Redaktion: Kohl-Verlag
Grafik & Satz: Kohl-Verlag
Druck: Druckhaus DOC GmbH, Kerpen

Bestell-Nr. 11 769

ISBN: 978-3-95686-758-3

Der vorliegende Band ist eine Print-Einzellizenz

Sie wollen unsere Kopiervorlagen auch digital nutzen? Kein Problem – fast das gesamte KOHL-Sortiment ist auch sofort als PDF-Download erhältlich! Wir haben verschiedene Lizenzmodelle zur Auswahl:

	Print-Version	PDF-Einzellizenz	PDF-Schullizenz	Kombipaket Print & PDF-Einzellizenz	Kombipaket Print & PDF-Schullizenz
Unbefristete Nutzung der Materialien	x	x	x	x	x
Vervielfältigung, Weitergabe und Einsatz der Materialien im eigenen Unterricht	x	x	x	x	x
Nutzung der Materialien durch alle Lehrkräfte des Kollegiums an der lizensierten Schule			x		x
Einstellen des Materials im Intranet oder Schulserver der Institution			x		x

Die erweiterten Lizenzmodelle zu diesem Titel sind jederzeit im Online-Shop unter www.kohlverlag.de erhältlich.

Inhalt

KOHL VERLAG PLATTENTEKTONIK Vulkane, Erdbeben & Co – Bestell-Nr. 11 769

Vorwort

Sehr geehrte Kolleginnen und Kollegen,

die Erde ist ein Planet mit vielfältigen Phänomenen. Endogene und exogene Kräfte gestalte(te)n die Erdoberfläche und ließen abwechslungsreiche, beeindruckende Landschaften entstehen.

Der vorliegende Band befasst sich intensiv mit endogenen Kräften. Die Basis des Bandes bildet die (Theorie der) Plattentektonik, mit der in der heutigen Zeit so manche an der Erdoberfläche sichtbare Auswirkungen von endogenen Kräften erklärt werden. Im Mittelpunkt des Bandes stehen die Phänomene Erdbeben und Vulkanismus, die zu Naturkatastrophen werden und Menschen in Atem halten können. Im Weiteren werden kurz Tsunamis, die Gebirgsbildung und der Magnetismus der Erde behandelt. Zum Abschluss des Bandes erfolgt ein Überblick über exogene Kräfte, die ebenfalls die Erdoberfläche form(t)en.

Vorgesehen ist der präsentierte Band für den Einsatz in der Sekundarstufe I. Zielsetzung des Bandes ist nicht die Darlegung von umfangreichen Details zu den angesprochenen Kräften und deren Folgen. Vielmehr geht es darum, den Heranwachsenden wesentliches, allgemeinbildendes Grundwissen zu den Themen zu vermitteln.

Viel Freude und Erfolg beim Einsatz der vorliegenden Kopiervorlagen wünschen Ihnen der Kohl-Verlag und

Friedhelm Heitmann

**Mit den Schülern bzw. Lehrern sind im ganzen Heft selbstverständlich auch die Schülerinnen und Lehrerinnen gemeint!*

Bedeutung der Symbole:

EA	**Einzelarbeit**	PA	**Partnerarbeit**
	Schreibe ins Heft/ in deinen Ordner	GA	**Arbeiten in kleinen Gruppen**
GA	**Arbeiten mit der ganzen Gruppe**		

1 Plattentektonik

1.1 Endogene und exogene Kräfte und Vorgänge

Endogene und exogene Kräfte gestalte(te)n die Erdoberfläche. Während endogene Kräfte aus dem Erdinneren wirkten, tun dies exogene Kräfte von außen.

endon [griech.] = drinnen, innerhalb
exo [griech.] = draußen, außerhalb
gennan [griech.] = erzeugen, hervorrufen

EA

Aufgabe 1: *Ordne richtig zu. Handelt es sich bei den folgenden Begriffen um endogene oder exogene Kräfte bzw. Vorgänge (= Prozesse)?*

Wind – Magnetismus – Vulkanismus – Erdbeben – Seebeben – Sonne – Lebewesen (Menschen, Tiere Pflanzen) – Wasser /Eis – Gebirgsbildung – Schwerkraft

Endogen	Exogen

EA

Aufgabe 2: *Exogene oder endogene Kräfte?*
Setze die beiden Wörter exogene und endogene in die jeweils richtige Lücke der beiden Sätze ein.

Auf der Erdoberfläche bewirken ______________________ Kräfte gewöhnlich unter anderem unterschiedliche Höhen.

Durch ______________________ Kräfte werden Höhenunterschiede meistens abgetragen, das heißt verringert.

KOHL VERLAG
PLATTENTEKTONIK
Vulkane, Erdbeben & Co – Bestell-Nr. 11 769

1.2 Der Aufbau unserer Erde, die über 4,5 Milliarden Jahre alt ist

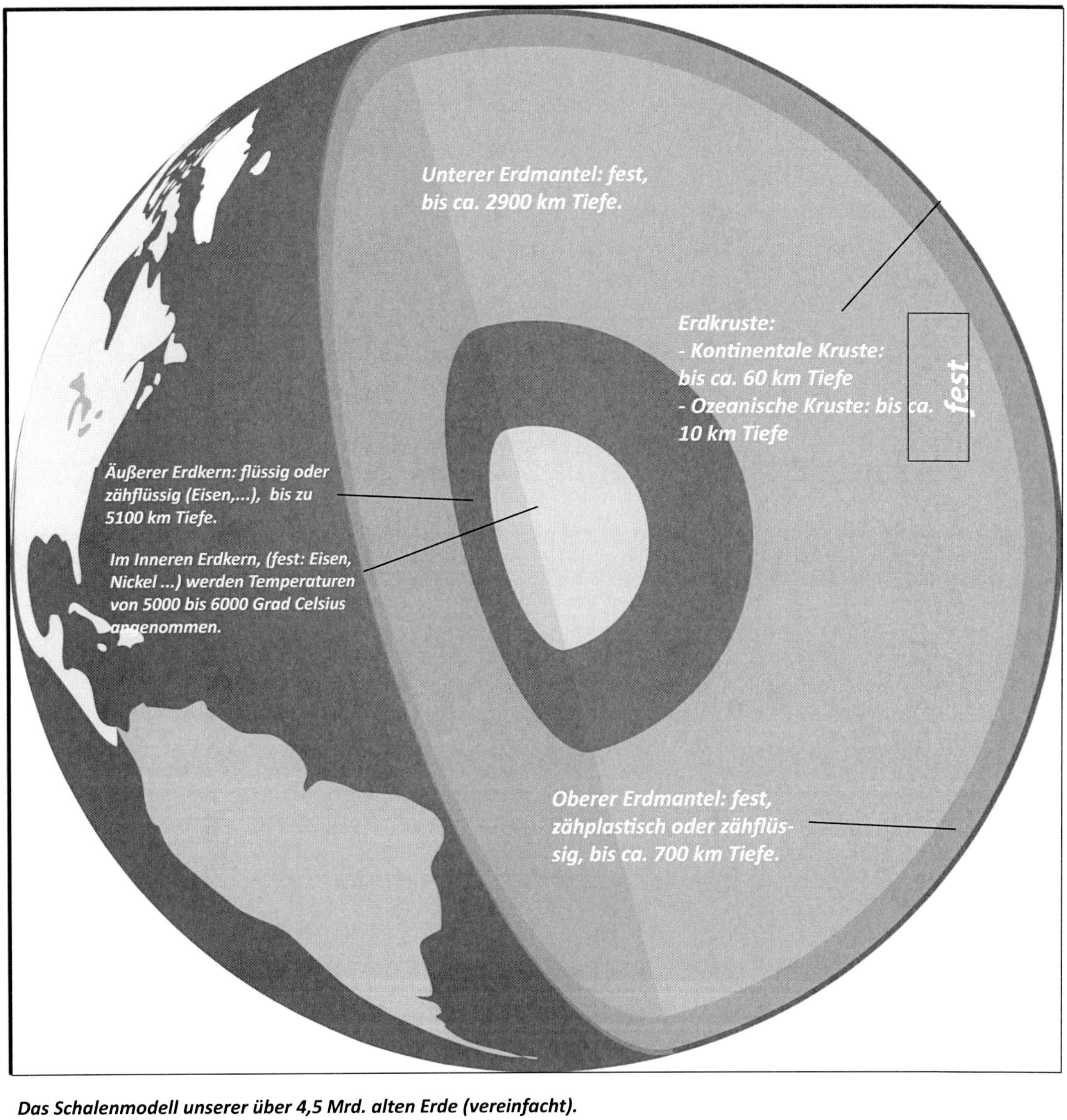

Unterer Erdmantel: fest, bis ca. 2900 km Tiefe.

Erdkruste:
- Kontinentale Kruste: bis ca. 60 km Tiefe
- Ozeanische Kruste: bis ca. 10 km Tiefe

fest

Äußerer Erdkern: flüssig oder zähflüssig (Eisen,...), bis zu 5100 km Tiefe.

Im Inneren Erdkern, (fest: Eisen, Nickel ...) werden Temperaturen von 5000 bis 6000 Grad Celsius angenommen.

Oberer Erdmantel: fest, zähplastisch oder zähflüssig, bis ca. 700 km Tiefe.

Das Schalenmodell unserer über 4,5 Mrd. alten Erde (vereinfacht).
- *Zwischen den einzelnen Schalen (= Schichten) gibt es Übergangszonen.*
- *Die Entfernung von der Erdoberfläche bis zum Erdmittelpunkt ist ca. 6370 km.*
- *Im inneren Erdkern werden Temperaturen von 5000 bis 6000 Grad Celsius angenommen.*
- *Das Schalenmodell beruht vor allem auf gemessenen Daten bei der Ausbreitung von seismischen Wellen (= Erdbebenwellen).*

EA

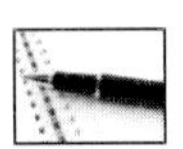

Aufgabe 3: *Beschreibe in vollständigen Sätzen näher, was im Schalenmodell über das Erdinnere ausgesagt wird. Schreibe in dein Heft/in deinen Ordner.*

KOHL VERLAG PLATTENTEKTONIK Vulkane, Erdbeben & Co. – Bestell-Nr. 11 769

1.3 Frühere Theorien zur Erklärung des Baues und der Bewegung der Erdkruste

Die Tektonik ist die Lehre vom Bau und der Bewegung der Erdkruste. In der Vergangenheit gab es in der Wissenschaft verschiedene Theorien zur Erklärung der Gestaltung der Erdkruste.

So gingen Vertreter der Expansionstheorie davon aus, dass sich das Volumen der Erde durch die Ausdehnung der Erdwärme und die Abnahme der Schwerkraft vergrößert habe *(expansio [lat.] = Ausdehnung)*.

Demgegenüber wurde von anderen Wissenschaftlern die Kontraktionstheorie vertreten *(contractio [lat.] = Zusammenziehung)*. Nach dieser Theorie zieht sich die Erde zusammen und schrumpft. Sehr vereinfacht gesagt: Durch die Schrumpfung sei es – vergleichbar mit einem alten Apfel, der Runzeln bekommt – auf der Erdoberfläche zu Gebirgen gekommen. Andere Forscher nahmen bei der Erde sich abwechselnde Phasen der Expansion und Kontraktion an *(= Pulsationstheorie)*. In Unterströmungstheorien wurden großräumige Fließbewegungen unter der Erdkruste vermutet.

Alfred Wegener (1880-1930) veröffentlichte erstmals im Jahr 1912 seine Kontinentalverschiebungstheorie, auch Theorie der Kontinentaldrift genannt. Gemäß dieser Theorie verändern die Kontinente ihre Lage, sie driften. Als ein exemplarisches Beispiel führte Alfred Wegener an: Südamerika und Afrika hätten in früherer geologischer Zeit zusammengehört. Das werde belegt durch gleiche Gesteinsformationen, Pflanzenarten, Tierarten ... Alfred Wegener ging von einem Urkontinent Pangäa aus, der in verschiedene Teile zerbrochen sei *(Pangäa [altgriech.] = „ganze Erde")*.

Alfred Wegener

EA

Aufgabe 4: *Erkläre die Begriffe in deinen eigenen Worten. Schreibe in dein Heft oder in deinen Ordner.*

a) Tektonik

b) Expansionstheorie

c) Kontraktionstheorie

d) Pulsationstheorie

e) Unterströmungstheorien

f) Kontinentalverschiebungstheorie

EA

Aufgabe 5: *Wie lässt sich die Bezeichnung „Pangäa" erklären?*

KOHL VERLAG PLATTENTEKTONIK Vulkane, Erdbeben & Co – Bestell-Nr. 11 769

1.4 Von der Kontinentalverschiebungstheorie zur Theorie der Plattentektonik

Lange Zeit wurde Alfred Wegeners Kontinentalverschiebungstheorie in der Wissenschaft stark kritisiert und abgelehnt. Dazu trug auch bei, dass Alfred Wegener nicht überzeugend erklären konnte, wodurch die Bewegungen der Kontinente bewirkt werden.

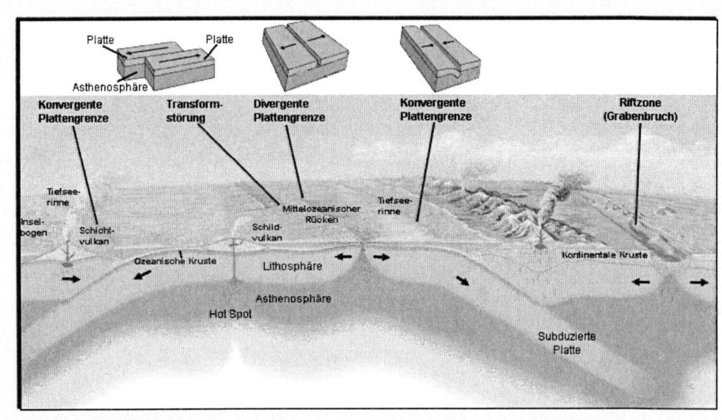

Plattengrenzen

In den 60er Jahren des 20. Jahrhunderts wurde die Kontinentalverschiebungstheorie von Wissenschaftlern zur Theorie der Plattentektonik erweitert und weiterentwickelt. Aufgrund von Untersuchungen des Meeresbodens, geothermischen und geomagnetischen Messungen werden erkannt: Die Erdoberfläche ist in mehr oder minder große Platten aufgeteilt. Diese bewegen sich mit sehr langsamer Geschwindigkeit (durchschnittlich ca. 5 cm pro Jahr). Die Grenzen der Platten stimmen meistens nicht mit denen der Kontinente überein und verlaufen durch Ozeane und Meere hindurch. Die Platten driften auf der im oberen Erdmantel befindlichen zähflüssigen bis zähplastischen Gesteinsmasse (Asthenosphäre). Die Bewegungen der Platten werden durch vertikale Strömungen hervorgerufen, die aufgrund von Temperaturunterschieden im oberen Erdmantel entstehen. Heißes Gestein steigt auf, strömt zur Seite, kühlt sich ab und sinkt später wieder in die Tiefe. Die driftenden Platten können sich voneinander entfernen, zusammenstoßen, sich reiben, verhaken, übereinanderschieben …

Heute wird die Theorie der Plattentektonik in der Wissenschaft allgemein anerkannt. Mittlerweile wird nicht mehr von der Theorie, sondern von der Plattentektonik gesprochen. Damit werden vor allem Gebirgsbildungen, Vulkanismus, Erdbeben, Seebeben erklärt.

EA

Aufgabe 6: *Beschreibe das oben gezeigte Schaubild mit deinen eigenen Worten.*

____

____

____

____

____

EA

Aufgabe 7: *Überlege dir 5 Fragen zum vorangehenden Text, schreibe sie auf und überreiche danach das Blatt einem anderen Schüler zur schriftlichen Beantwortung. Du bekommst von diesem Schüler das Blatt mit ebenfalls 5 Fragen, die du beantworten sollst.*

EA

Aufgabe 8: *Beschreibe näher, was die Abbildungen aussagen.*

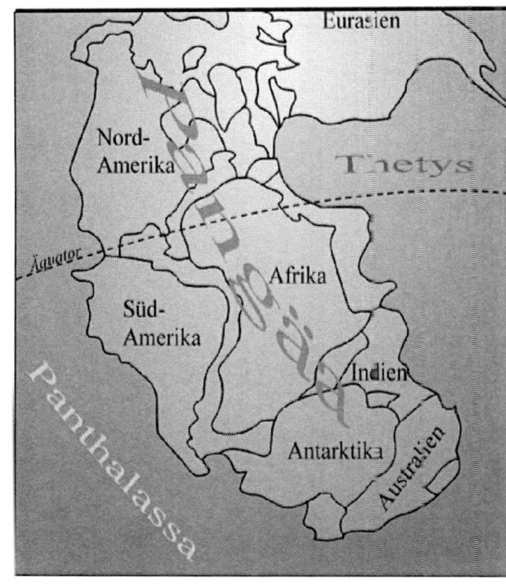

Pangäa - die Erde vor 225 Millionen Jahren

a)

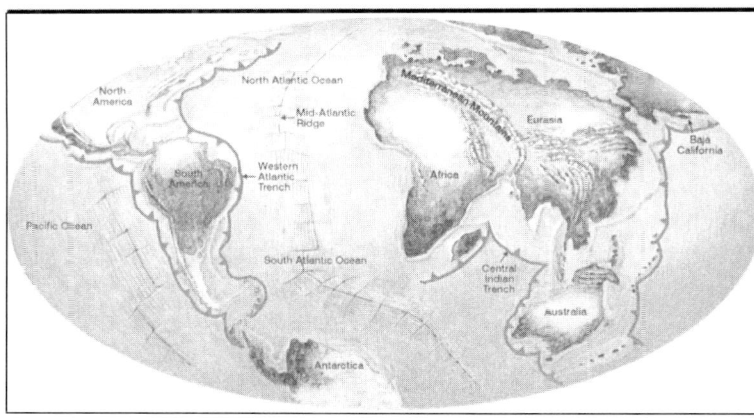

Die Erde - vor ca. 50 Millionen Jahren

b)

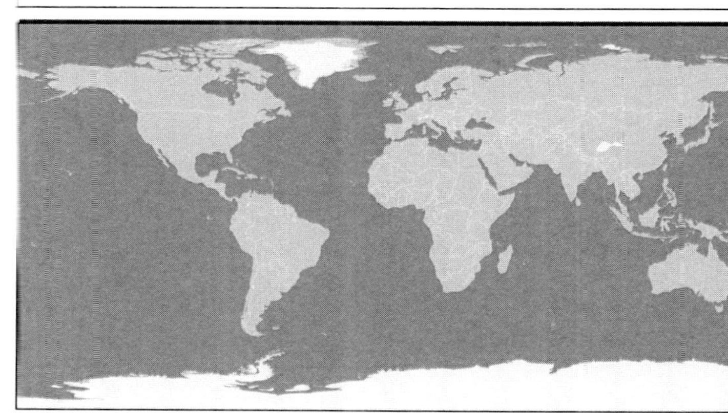

Die heutige Erde

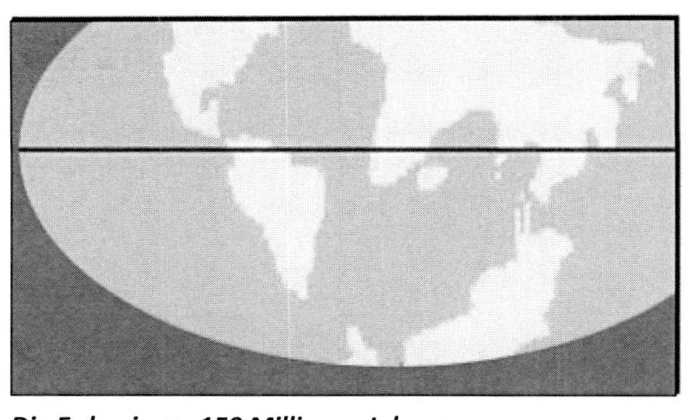

Die Erde - in ca. 150 Millionen Jahren

c)

KOHL VERLAG PLATTENTEKTONIK Vulkane, Erdbeben & Co – Bestell-Nr. 11 769

1.5 Ein Versuch

Führe folgenden Versuch durch:

- Nimm eine Dose mit dickflüssiger Erbsensuppe.
- Öffne die Dose und schütte den Inhalt in einen Kochtopf.
- Lege 2 kleinere Stücke Knäckebrot oben nebeneinander auf die dickflüssige Erbsensuppe.
- Stelle den Kochtopf mit Inhalt auf eine Herdplatte.
- Schalte den Herd so an, dass die Herdplatte langsam erhitzt wird.

EA

Aufgabe 9: *Beschreibe, was im Kochtopf zu beobachten ist.*

EA

Aufgabe 10: *Erkläre, was der Versuch im übertragenen Sinne demonstrieren soll.*

Lasse dir schließlich die Erbsensuppe mit Knäckebrot schmecken!

1.6 Bewegungsrichtungen der Platten zueinander

Grob differenziert lassen sich drei verschiedene Bewegungsrichtungen zweier Platten zueinander unterscheiden.

Tipps: Sehr vereinfacht können sich Bewegungen von Erdplatten sowie Auswirkungen anhand von Platten bzw. Stücken aus Styropor aufgezeigt werden. Was passiert, wenn zwei Styroporplatten oder Styroporstücke gegeneinander geschoben bzw. sich berührend (aus verschiedenen Richtungen) aneinander vorbeigeschoben werden?

Aus Styropor lassen sich auch Modelle von Vulkanen bauen. Möglich ist zum Beispiel das Modell eines Schichtvulkans (= Stratovulkan) herzustellen.

EA

Aufgabe 11: *Beschreibe jeweils anhand der Skizzen, wie sich die zwei Platten zueinander bewegen. Überlege und notiere, welche Auswirkung(en) die jeweilige Bewegungsrichtung der beiden Platten (wohl) haben könnten.*

Bewegungsrichtungen:

a) ____________________

____

____

Bewegungsrichtungen:

b) ____________________

____

____

Bewegungsrichtungen:

c) ____________________

____

____

KOHL VERLAG PLATTENTEKTONIK Vulkane, Erdbeben & Co – Bestell-Nr. 11 769

1.7 Beispiele für Plattenbewegungen auf der Erde

Die Alpen

Wenn Platten zusammenstoßen, können Gebirge entstehen und gehoben werden. Ein Beispiel: Die Alpen, ein Faltengebirge, werden durch den Zusammenstoß der Eurasischen mit der Afrikanischen Platte erklärt. Die Hebung der Alpen hält weiterhin an. Treffen Platten aufeinander, ist es möglich, dass sich eine Platte unter die andere schiebt. Dieser Vorgang wird als Subduktion bezeichnet. So schiebt sich des Öfteren eine ozeanische Platte unter eine kontinentale Platte und taucht aufgrund des höheren Gewichts weiter ins Erdinnere. Auf diese Weise kommen Tiefseegräben zustande. Dies ist z.B. vor der Westküste Südamerikas und vor der Ostküste Asiens der Fall. Eintreten kann auch, dass durch Kollision eine Platte zerfällt („bricht“). Möglicherweise passiert das bei der Indisch-Australischen Platte.

Subduktion (Beispiel: Ostküste Asiens)

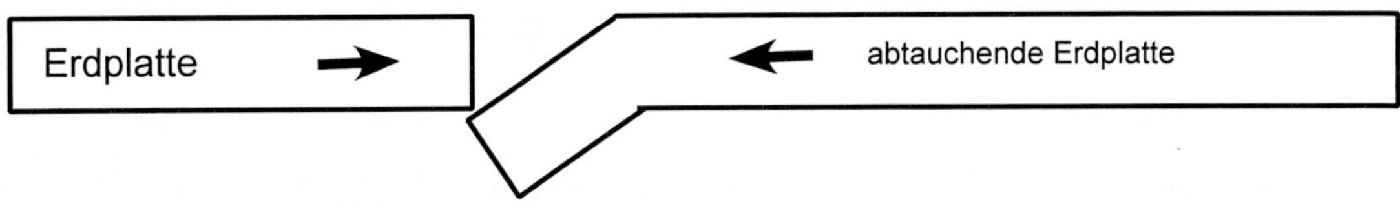

Verwerfung (Beispiel: Kalifornien, San Francisco)

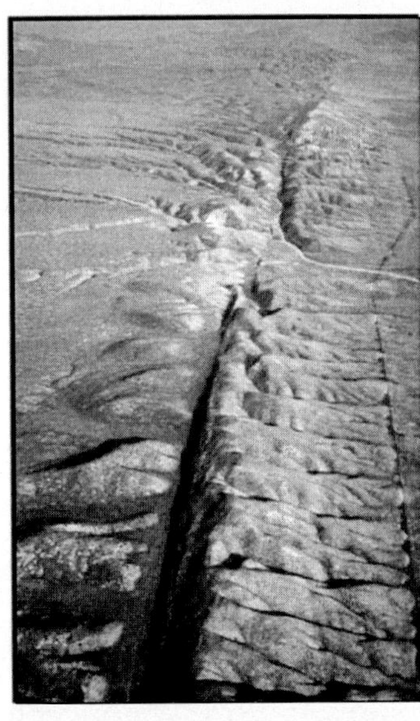

San Adreas-Spalte, San Francisco

In unterschiedliche Richtungen wandernde Platten können sich auch aneinander reiben, wodurch es zu Verschiebungen oder Verwerfungen kommt. Ein solcher Vorgang ist in Nordamerika bei San Francisco gegeben (San Andreas-Spalte).

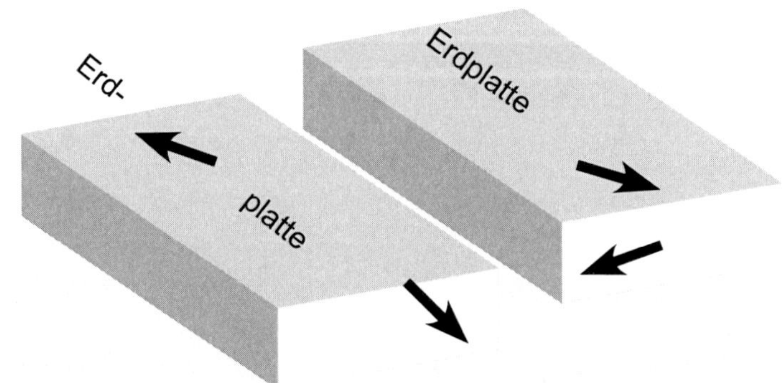

1 Plattentektonik

Sea Floor Spreading
(Beispiel: Island, Atlantischer Ozean)

Benachbarte Platten können sich voneinander entfernen. Das erfolgt beispielsweise zwischen der Nordamerikanischen und der Eurasischen Platte. Driften 2 Platten auseinander, steigt dazwischen oftmals flüssiges Gestein (= Magma) aus dem Erdinneren auf, kommt als Lava an die Erdoberfläche und schafft eine neue (ozeanische) Erdkruste. Auf diese Weise bildete sich z.B. im Atlantischen Ozean der fast durchweg unter dem Meeresspiegel von Norden nach Süden verlaufende Mittelatlantische Rücken, auf dem der Inselstaat Island liegt. Die Ausdehnung des Meeresbodens nennt man Sea Floor Spreading (Ozeanspreizung).

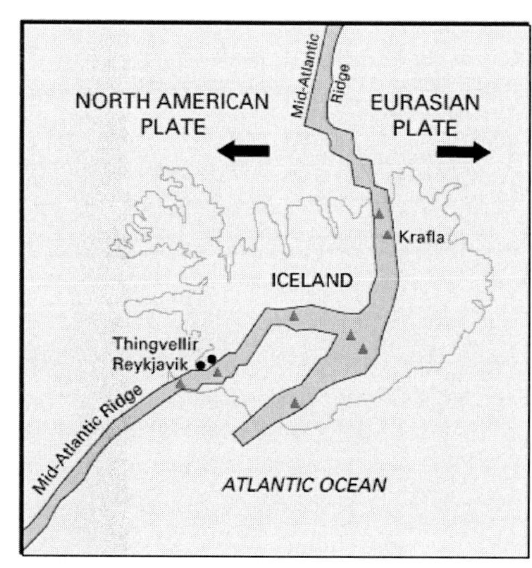

Mittelatlantischer Rücken in Island

← Erdplatte | Erdplatte →

Aufgabe 12: *Erkläre in eigenen Sätzen, was mit dem Begriff Sea Floor Spreading gemeint ist.* (EA)

Mittelatlantischer Rücken

KOHL VERLAG
PLATTENTEKTONIK
Vulkane, Erdbeben & Co – Bestell-Nr. 11 769

1.8 Die Plattentektonik der Erdkruste

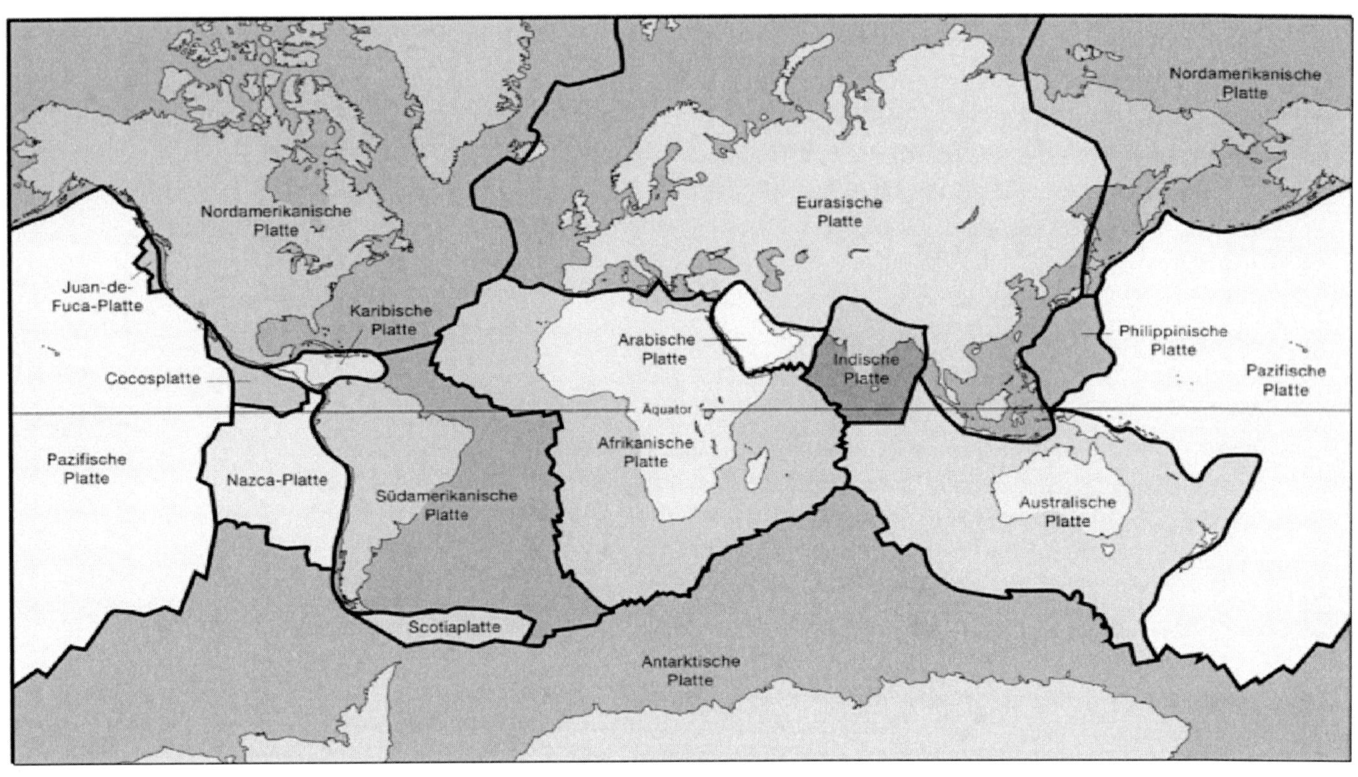

PA

Aufgabe 13: *Beschreibt näher, was die obere Karte darstellt. Welche Informationen könnt ihr aus der Karte entnehmen?*

KOHL VERLAG PLATTENTEKTONIK Vulkane, Erdbeben & Co. ■ Bestell-Nr. 11 769

1.9 Physisch-geographische Erdteile, größere Erdplatten, kleinere Erdplatten

EA

Aufgabe 14: *Beantworte die folgenden Fragen in vollständigen Sätzen.*

a) *Welche 6 bzw. 7 geographischen Erdteile (= Kontinente) werden gewöhnlich unterschieden?*

b) *Wie heißen die 7 großen Erdplatten (= Makroplatten) gemäß der Theorie der Plattentektonik?*

c) *Nenne 6 kleinere Erdplatten (= Mikroplatten) gemäß der Theorie der Plattentektonik.*

2 Vulkanismus

2.1 Was sind Vulkane?

EA

Aufgabe 1: *Fülle den Lückentext. Die Such-Begriffe findest du in dem Kasten.*

Gestein – Erdinneren – Feuergott – Erhebungen – Magma – Lava – Aktivität – Erdplatten – Meeresspiegel – Vulkanismus

Unter dem Begriff ________________ werden alle geologischen Vorgänge zusammengefasst, bei denen flüssige, gasförmige und/oder feste Stoffe aus dem ________________ aufsteigen und an die Erdoberfläche gelangen. Das Wort Vulkan(ismus) kommt aus der lateinischen Sprache. Vulcanus hieß der ________________ der Römer. Die Römer nahmen als Sitz der Schmiede des Feuergottes die vor der Nordostküste Siziliens gelegene kleine vulkanische Insel Vulcano an.

Vulkane sind ________________ (= Berge) auf der Erdoberfläche, aus denen flüssiges Gestein und/bzw. andere Stoffe austreten oder ausgetreten sind. Nach der ________________ werden aktive, ruhende und erloschene Vulkane unterschieden. Die meisten Vulkane treten dort auf, wo ________________ aufeinandertreffen. Es gibt weitaus mehr Vulkane unter dem ________________ (= untermeerische Vulkane) als solche darüber, auf dem Land. Aufsteigendes flüssiges ________________ unter anderem in Vulkanen, das nicht an die Erdoberfläche kommt, heißt ________________. Tritt das flüssige Gestein an der Erdoberfläche in Vulkanen oder Spalten der Erde aus, wird von ________________ gesprochen.

EA

Aufgabe 2: *Richtig oder falsch? Kreuze das Richtige an.*

☐ **a)** Vulcanus war ein griechischer Gott.

☐ **b)** Die meisten Vulkane liegen unter dem Meeresspiegel.

☐ **c)** Flüssiges Gesteinsmaterial, das an die Erdoberfläche gelangt, nennt man Magma.

2 Vulkanismus

EA

Aufgabe 3: *Beantworte die folgenden Fragen in vollständigen Sätzen.*

b) Was versteht man unter Vulkanismus?

Lava schießt aus einem Vulkan

b) Aus welcher Sprache stammt das Wort Vulkan(ismus)?

c) Wie hieß der Feuergott der Römer?

d) Was ist Vulcano?

e) Als Vulkane bezeichnet man ...

f) Es werden 3 Arten von Vulkanen unterschieden:

PLATTENTEKTONIK
Vulkane, Erdbeben & Co – Bestell-Nr. 1' 763

g) Wo treten die meisten Vulkane auf?

h) Vulkane, die unter dem Meeresspiegel liegen, heißen ... .

Abdrücke von Opfern des Vulkanausbruchs von Pompeji

i) Was bezeichnet man als Magma?

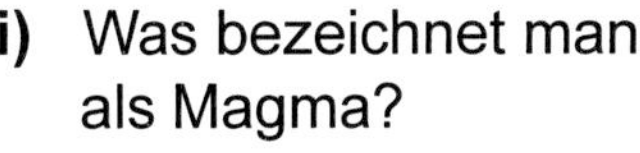

j) Was versteht man unter Lava?

Brjullow: Der letzte Tag von Pompeji

Aufgabe 4:

Informiere dich im Internet, was im Jahre 79 nach Chr. in Pompeji geschah. Das Bild stellt eine Szene dieser Begebenheit dar.

KOHL VERLAG PLATTENTEKTONIK Vulkane, Erdbeben & Co. • Bestell-Nr. 11 769

2.2 Die Verbreitung der Vulkane

Wer eine Weltkarte betrachtet, auf der Erdplatten mit ihren Grenzen sowie die geographische Verteilung von Vulkanen dargestellt werden, erkennt: Vulkane sind besonders häufig dort verbreitet, wo sich eine ozeanische Erdplatte unter eine kontinentale Erdplatte schiebt. Dies ist am Rand von Meeren der Fall, u.a. vor der Ostküste Asiens. Vulkane treten oft im Randbereich des Pazifischen Ozeans auf. Gesprochen wird von einem „Feuerring" bzw. „Feuergürtel" des Pazifiks.

Vulkane auf der Insel Isabella im Galapagos Archipel.

Im Weiteren kommen Vulkane dort vor, wo sich Erdplatten voneinander entfernen, der Meeresboden auseinandergebrochen wird. Ein exemplarisches Beispiel dafür ist der Mittelatlantische Rücken. Auf dem Mittelatlantischen Rücken liegt Island mit seinen Vulkanen.

Auch findet man manche Vulkane vor im Inneren von ozeanischen und kontinentalen Erdplatten. Solche Vulkane werden als Hot Spot-Vulkane bezeichnet. Diese Vulkane sind über sogenannte Hot Spots (= “sehr heiße Stellen“) entstanden, über die Erdplatten langsam hinweggleiten. Als Hot Spot-Vulkane gelten beispielsweise Vulkane auf den Hawaii-Inseln, Galapagos-Inseln und Kanarischen Inseln.

EA

Aufgabe 5: *Beschreibe in eigenen Sätzen, wo Vulkane auf der Erde verbreitet sind.*

EA

Aufgabe 6: *Erkläre kurz mit eigenen Worten, was Hot Spot-Vulkane sind.*

KOHL VERLAG PLATTENTEKTONIK Vulkane, Erdbeben & Co – Bestell-Nr. 11 769

2 Vulkanismus

EA

Aufgabe 7: *Vervollständige das Schaubild zur Verbreitung der Vulkane auf der Erde.*

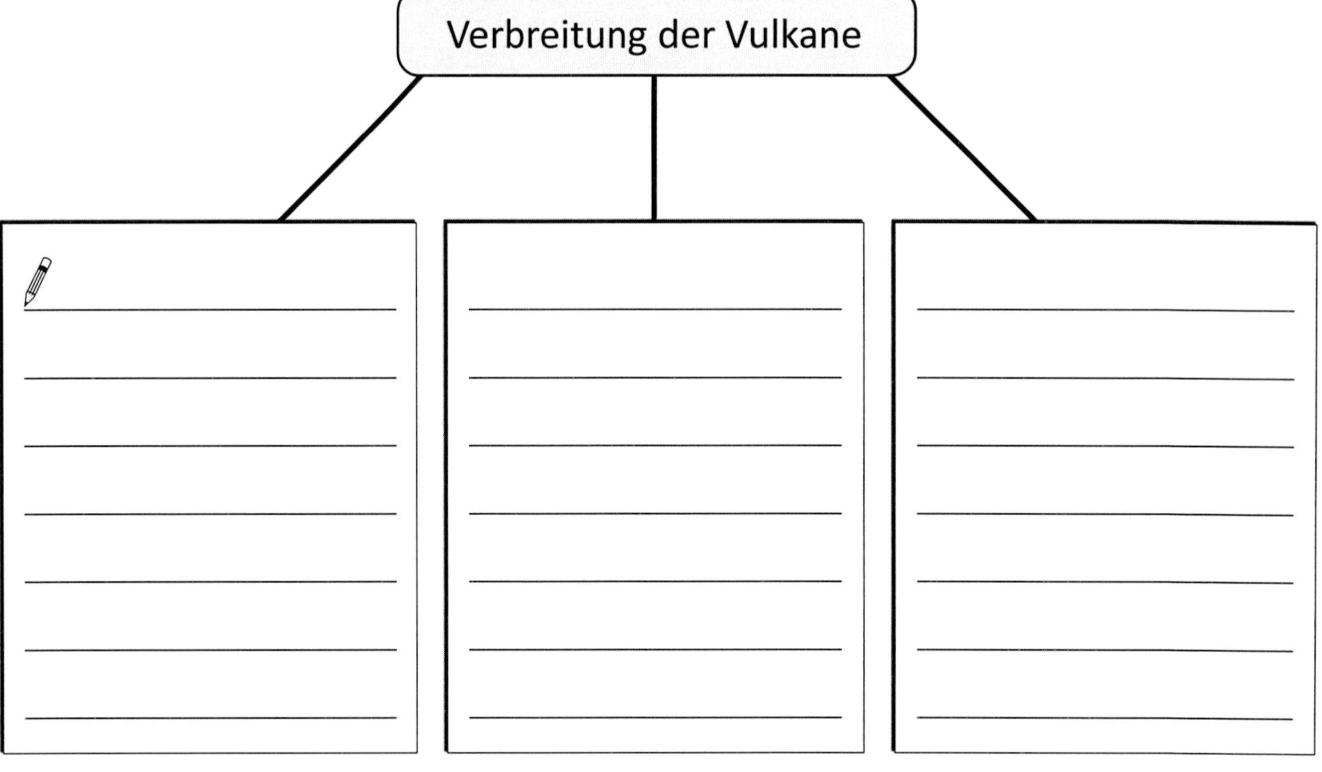

EA

Aufgabe 8: *Auf der Kartenskizze siehst du den Verlauf des Pazifischen Feuerrings. Notiere die Kontinente, an denen der Feuerring entlangläuft.*

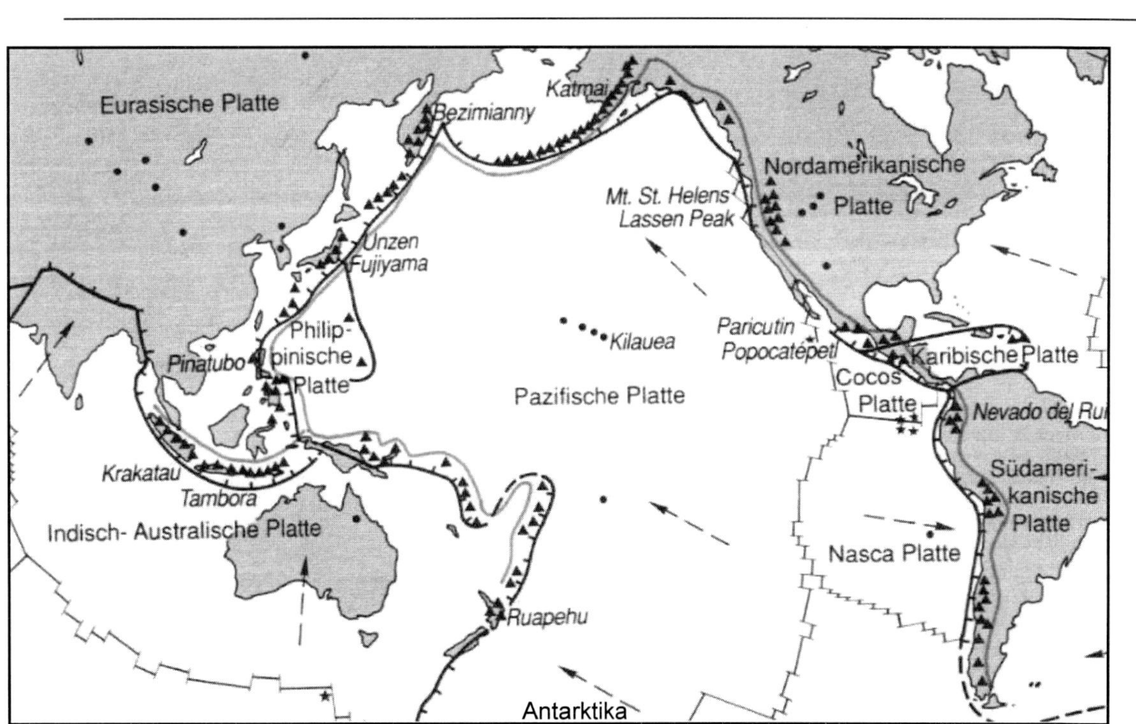

PLATTENTEKTONIK
KOHL VERLAG Vulkane, Erdbeben & Co. ■ Bestell-Nr. 11 769

Vulkane und Zonen mit erhöhter vulkanischer Aktivität

EA

Aufgabe 9: *Nimm einen möglichst aktuellen Atlas zur Hilfe. Stelle im Atlas fest, wo auf der Erde Vulkane (sehr) verbreitet sind. Kennzeichne diese Gebiete auf der vorliegenden Weltkarte mit roter Farbe.*

2.3 Vulkanismus in Europa

Geysir auf Island

In Europa gibt es aktive Vulkane in Island, im Süden Italiens sowie auf der griechischen Insel Santorin. Der bei der italienischen Stadt Neapel gelegene Vesuv ist der einzige tätige europäische Vulkan, der auf dem Festland liegt. Der Ätna auf der italienischen Insel Sizilien ist mit ca. 3340 m Höhe der höchste Vulkan Europas. Die Hauptinsel Island mit vorgelagerten kleinen Inseln weist zahlreiche Vulkane auf. Im Jahr 1963 entstand durch einen untermeerischen Vulkanausbruch die zu Island gehörende Insel Surtsey. In Island wird die Wärme/Hitze der Vulkane durch geothermische Kraftwerke als eine wesentliche Energiequelle genutzt. In Island kommen auch Geysire vor, es sind heiße Springquellen, die mehr oder minder regelmäßig Wasser ausstoßen.

EA

Aufgabe 10: *Ergänze zu vollständigen Sätzen.*

a) Der Vesuv ... ______________________________

____

b) Der Ätna ... ______________________________

c) Island ... ______________________________

d) Surtsey ... ______________________________

____

Vulkaninsel Surtsey

e) Geysire ... ______________________________

____

____

____

____

Deutschland hat derzeit keine aktiven Vulkane. Jedoch existieren im Bereich der Mittelgebirge etliche Gebiete, die durch früheren Vulkanismus geprägt sind und vulkanisches Gestein aufweisen: Siebengebirge, Eifel, Westerwald, Vogelsberg, Rhön, Schwäbische Alb, Kaiserstuhl, Hegau, Frankenwald, Fichtelgebirge, Oberpfälzer Wald, Erzgebirge … Die Eifel soll – weltweit gesehen – das Gebiet mit der größten Ansammlung von Vulkanen sein. In der Eifel sind viele sogenannte Maare vorzufinden. Das sind durch vulkanische Gasexplosionen entstandene Trichter, in die Wasser geflossen ist und die nun rundliche Seen bilden (z.B. der Laacher See). Die Vulkangebiete in der Eifel und im Oberpfälzer Wald gelten noch nicht als erloschen. Darauf weisen kohlensäurehaltige und heiße Quellen hin.

Ein Maarsee: Lachersee

EA

Aufgabe 11: *Markiere mit roter Farbe in der Kartenskizze die im vorherigen Text genannten deutschen Gebiete, die durch früheren Vulkanismus geprägt sind und vulkanisches Gestein aufweisen.*

2.4 Bekannte und berühmte Vulkane

EA

Aufgabe 12: *Verbinde die Namen der berühmten Vulkane mit ihrer jeweiligen Lage (Land/Gebiet).*

Namen der Vulkane			Lage der Vulkane
Mauna Loa, Mauna Kea	A ○	○ 1	Indonesien
Mount St. Helens	B ○	○ 2	Island
Popocatépetl	C ○	○ 3	Italien
Mont(agne) Pelée	D ○	○ 4	Japan
Hekla	E ○	○ 5	Frankreich (Martinique)
Vesuv, Ätna	F ○	○ 6	Mexiko
Kilimandscharo	G ○	○ 7	Philippinen
Krakatau	H ○	○ 8	Tansania
Pinatubo	G ○	○ 9	USA (Festland)
Fudschijama	H ○	○ 10	USA (Hawaii-Inseln)

EA

Aufgabe 13: **a)** *Nenne weitere bekannte Vulkane. Du kannst dich im Atlas oder im Internet informieren.*

____

____

____

b) *Im Jahre 2010 brach in Island der Vulkan Eyjafjallajökull aus. Welche Folgen hatte dieser Ausbruch für Europa?*

____

____

Vulkan Krakatau

2.5 Typen von Vulkanen

Kein Vulkan auf der Erde sieht genauso aus, wie ein anderer. Dennoch lassen sich die Vulkane sich in bestimmte Vulkantypen unterscheiden. Bisher gibt es jedoch keine allgemein anerkannte und gültige Klassifizierung für Vulkane. Genannt und unterschieden werden Typen von Vulkanen wie:

Schichtvulkan Fudschijama

- **Schichtvulkane** *(= Stratovulkane)*
  Sie weisen abwechselnd Schichten von Lava sowie Lockermaterial auf und bilden einen steilen Kegel. Die meisten Vulkane auf der Erde sind Schichtvulkane.
- **Schildvulkane**
  Sie sind gekennzeichnet durch einen  ausfluss, sind relativ flach und schildförmig.

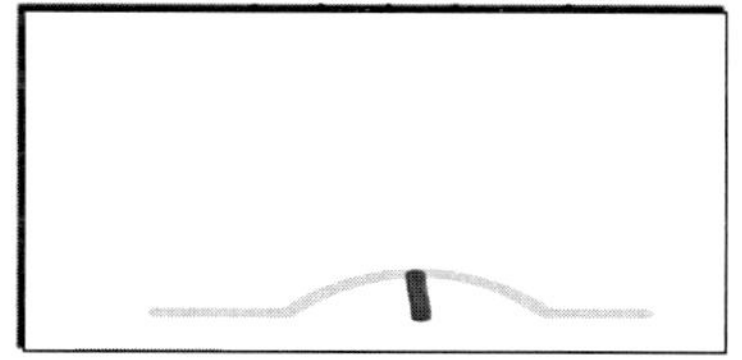

Schildvulkan

- **Aschevulkane**
  Sie bestehen (fast) nur aus vulkanischem Lockermaterial.
- **Gasvulkane**
  Aus ihnen strömen (hauptsächlich) lediglich Gase aus.
- **Spaltenvulkane**
  Lava kommt aus Spalten heraus.
- **Stau- und Stoßvulkane**
  Lava staut sich und verstopft wie ein Pfropfen den Vulkankegel, bis es eine heftige Explosion gibt.

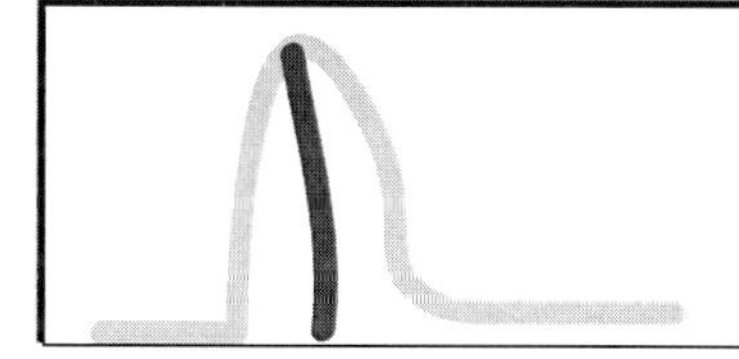

Stau-/Stoßvulkan

- **Calderen**
  Sie sind große kesselförmige Vulkankrater, entstanden durch Explosion und/bzw. Einsturz. Im Inneren kann jeweils ein neuer Vulkankegel entstehen.

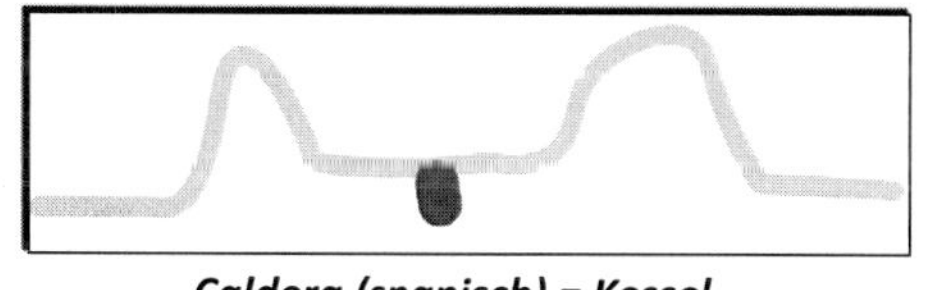

Caldera (spanisch) = Kessel

EA

Aufgabe 14: *Schreibe kurz in Stichworten auf, was aus Vulkanen entweichen kann.*

PLATTENTEKTONIK
Vulkane, Erdbeben & Co – Bestell-Nr. 11 769

Je nachdem, welche Art von Lava aus dem Vulkan austritt, wird grundsätzlich differenziert zwischen sogenannten roten und grauen Vulkanen. Bei roten Vulkanen ist die ausfließende Lava sehr dünnflüssig, rot oder orangerot glühend. Bei grauen Vulkanen gelangt weniger heiße, mehr Gase enthaltende zähflüssige Lava explosionsartig an die Erdoberfläche. In der Praxis treten jedoch oft Misch- und Übergangsformen der beiden genannten Arten auf.

ausbrechender Vulkan

EA

Aufgabe 15: **a)** *Wie heißen die im vorangehenden Text erwähnten verschiedenen Typen von Vulkanen?*

b) *Erkläre in eigenen Sätzen den Unterschied zwischen roten und grauen Vulkanen.*

EA

Aufgabe 16: *Richtig oder falsch? Kreuze das Richtige an.*

☐ **a)** Schichtvulkane sind relativ flach.

☐ **b)** Calderen haben große Krater.

☐ **c)** Aus Aschevulkanen strömen überwiegend Gase aus.

Ein Schichtvulkan (=Stratovulkan) – eine Zeichnung

EA **Aufgabe 17:** *Setze in die Kästchen die passenden Begriffe ein.*

- Erdkruste
- Vulkankegel
- Magmakammer
- Hauptschlot
- Hauptkrater
- Unterschiedliche Schichten (Lava, Asche)
- Asche-, Staub-, Gaswolke
- Gesteinsbrocken (Bomben)

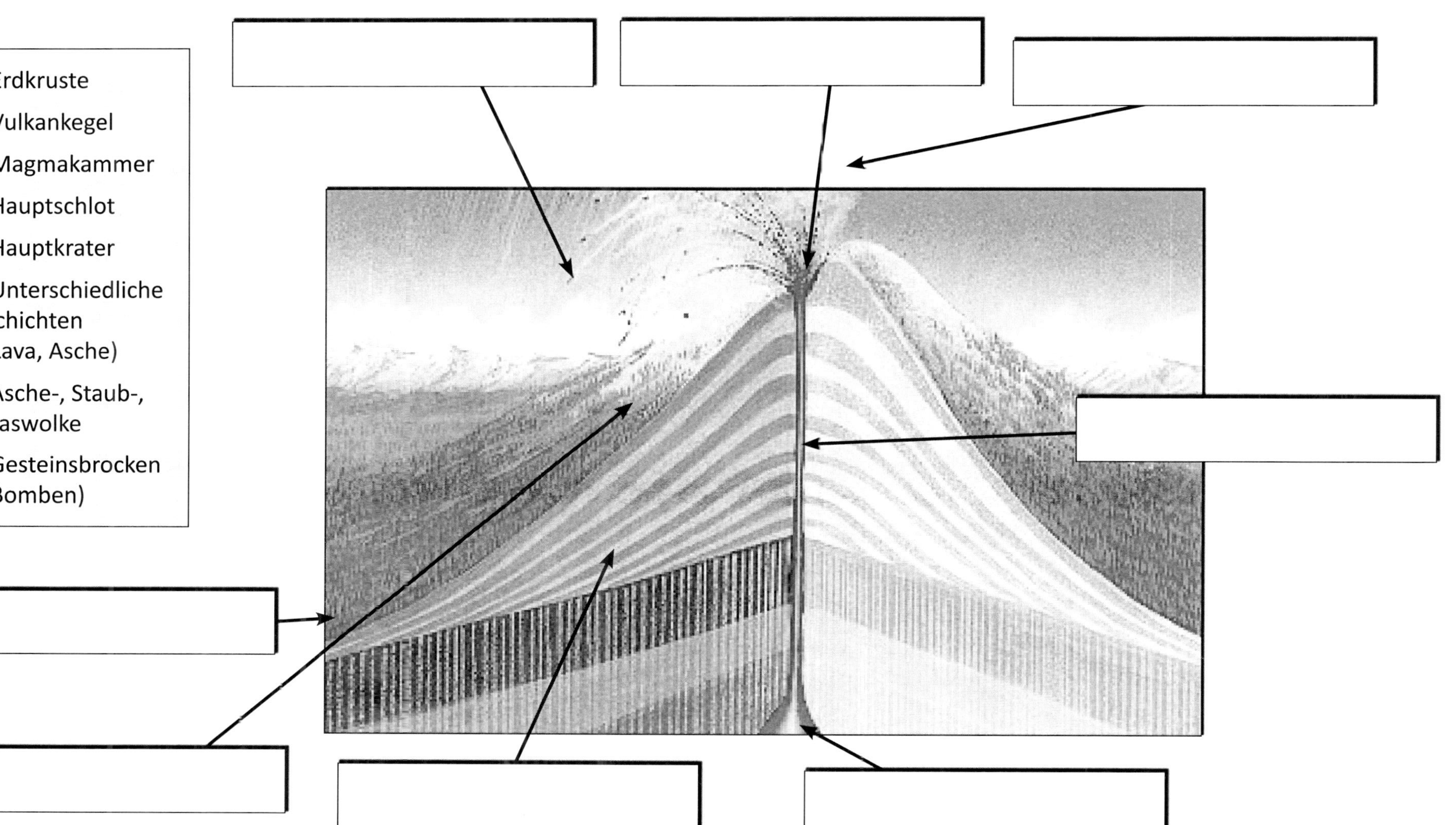

2.6 Hot Spot-Vulkane

EA

Aufgabe 18: **a)** *Nummeriere die nachfolgenden ungeordneten Sätze in der richtigen (logischen) Reihenfolge durch, sodass ein sinnvoller Text entsteht.*

- ☐ Die heißen Stellen werden als Hot Spots bezeichnet.
- ☐ Diese Vulkane nennt man Hot Spot-Vulkane.
- ☐ Es wird vermutet, dass der Aufstieg dieses Magmas an der Grenze zwischen dem Erdmantel und dem Erdkern beginnt.
- ☐ Dagegen bewegen sich die über die Hot Spots gleitenden Erdplatten allmählich weiter.
- ☐ Wissenschaftler gehen davon aus, dass tief aus dem Erdinneren an manchen Stellen glühendheißes Magma in breiten natürlichen Kanälen (Manteldiapire) nach oben steigt.
- ☐ So kommt es, dass sich neue Hot Spot-Vulkane über den „heißen Stellen" bilden.
- ☐ An den Stellen, an denen sich die Hot Spots durch die Erdplatten schneiden, entstehen durch aufsteigendes Magma aktive Vulkane.
- ☐ Die Aufstiegskanäle des glühendheißen Magmas und damit auch die Hot Spots bleiben viele Millionen von Jahren an denselben Stellen.
- ☐ Alte Hot-Spot-Vulkane erlöschen, wenn sie mit den Hot Spots keine Verbindungen mehr haben und kein Magma erhalten.
- ☐ Das glühendheiße Magma dringt schließlich ähnlich wie Schneidbrenner durch die sehr langsam driftenden Erdplatten vor.

b) *Übertrage nun den Text in der richtigen Reihenfolge in dein Heft/ in deinen Ordner.*

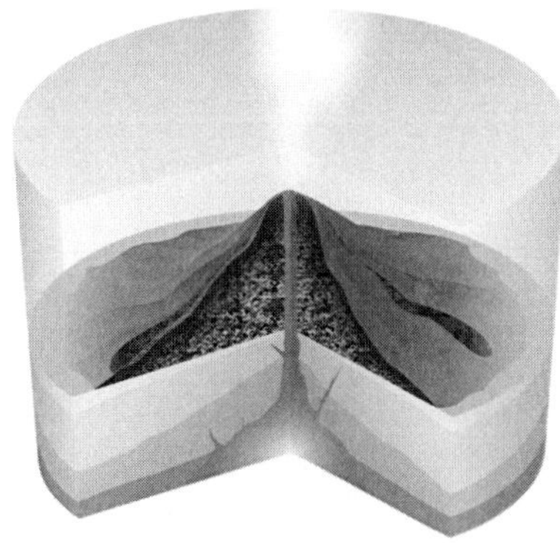

2.7 Auswirkungen von Vulkanausbrüchen und Vorkehrungen

Manche Vulkanausbrüche können relativ harmlos sein, dagegen andere verheerend:

Der Vulkan Eyjafjallajökull auf Island

- Giftige Gase treten aus einem Vulkan aus.
- Ascheregen fällt auf Felder und Siedlungen in der Umgebung des Vulkans.
- Schnell aus dem Vulkan ausströmende Lava begräbt innerhalb kurzer Zeit benachbarte Gebiete mit Orten unter sich.
- Ein Vulkanausbruch kann eine oder mehrere Schlammströme (= Lahare) in Gang setzen, die talwärts alles zerstören, was im Wege ist.
- Explosionen sprengen Teile des Vulkans weg.
- Menschen und Tiere werden durch weggesprengte Gesteinsbrocken erschlagen.
- Glühende Lava verursacht Brände von Sträuchern, Bäumen, Wäldern ...
- Aschewolken verstärken und verbreiten sich immer weiter, behindern den Flugverkehr oder machen ihn unmöglich.

Inzwischen stehen die meisten aktiven Vulkane auf dem Land unter ständiger wissenschaftlicher Beobachtung, vor allem wenn sie für die Umgebung gefährlich sind. Als aktive Vulkane gelten in der Regel solche, die in den letzten 10 000 Jahren ausgebrochen sind. Anhand der Messwerte der inneren Tätigkeit des jeweiligen Vulkans können Experten gewöhnlich abschätzen, ob demnächst ein Ausbruch des Vulkans bevorsteht. Im Fall eines baldigen Ausbruches wird die im Umkreis des Vulkans lebende Bevölkerung gewarnt und aufgefordert, das Gebiet zu verlassen. Viele Vulkangebiete auf der Erde sind trotz der Gefahr von Vulkanausbrüchen dicht besiedelt. Ein wesentlicher Grund dafür ist: Die vulkanischen Böden sind sehr fruchtbar, sodass darauf ertragreiche Landwirtschaft betrieben werden kann. Wiederholt kommt es jedoch bei Vulkanausbrüchen trotz Warnungen zu Todesopfern. So manche Menschen unterschätzen die Gefahr, die von aktiven Vulkanen ausgeht. Um Lavaströme abzuhalten bzw. umzuleiten (vor allem ins Meer), wurden und werden an manchen Vulkanen hohe Schutzwälle bzw. Kanäle gebaut. Im Jahr 1973 gelang es in Island auf der Insel Heimaey, Lava durch Bespritzen mit Meerwasser so abzukühlen, dass sie zum Stillstand kam und der Hafen vor Lava geschützt wurde.

EA

Aufgabe 19: *Warum sind viele Vulkangebiete auf der Erde von Menschen dicht besiedelt? Nenne einen wesentlichen Grund.*

____

____

____

____

KOHL VERLAG PLATTENTEKTONIK Vulkane, Erdbeben & Co – Bestell-Nr. 11 769

2.8 Vor- und Nachteile von Vulkanismus

Die bisherige Landschaft mit ihren Pflanzen wird möglicherweise zerstört.

Materialien aus Vulkanen lassen sich zur Behandlung von Schmerzen und Krankheiten einsetzen (siehe Fangopackungen).

Stoffe aus Vulkanen sind industriell verwertbar (z.B. Schwefel zur Härtung von Reifen).

Das Klima kann beeinflusst werden (durch die Asche weniger Sonneneinstrahlung auf die Erde).

Wertvolle Stoffe können an die Erdoberfläche gelangen (z.B. Diamanten)

Aufsteigende Hitze, Wärme kann als Heizquelle genutzt werden.

Riesige Sachschäden können verursacht werden.

Flugverkehr kann beeinträchtigt oder sogar verhindert werden.

Vulkane können verheerende Katastrophen bewirken.

Fruchtbare Böden entstehen.

(Viele) Menschen und Tiere werden vielleicht getötet.

Die Förderung des Tourismus ist möglich.

EA

Aufgabe 20: *Welche der Aussagen sind Vorteile, welche sind Nachteile durch Vulkane? Übertrage die Tabelle in dein Heft/in deinen Ordner und ordne richtig zu.*

Vorteile (= Nutzen)	Nachteile (= Gefahren/Schäden)
.....	.....

EA

Aufgabe 21: *Schreibe einen zusammenhängenden Text zum Thema „Vulkane – Nutzen und Gefahren“.*

EA

Aufgabe 22: *Haben Vulkane für Menschen mehr Nutzen oder sind sie zu gefahrvoll? Was ist deine Meinung? Begründe.*

KOHL VERLAG PLATTENTEKTONIK Vulkane, Erdbeben & Co. – Bestell-Nr. 11 769

3 Erdbeben

3.1 Entstehung von Erdbeben

EA

Aufgabe 1: *Verbinde mit einem Lineal jeweils den Satzanfang mit dem passenden Satzende.*

Satzanfänge:	Satzendungen:
Erdbeben sind Erschütterungen der Erde, ...	… tektonische Beben (mehr als 90% aller Erdbeben).
Die weitaus meisten Erdbeben sind …	… Erschütterungen wellenförmig in alle Richtungen aus.
Die tektonischen Erdbeben ...	… aneinander reiben oder verhaken.
Erdplatten können sich z.B. ...	… entstehen durch Bewegungen der Erdplatten.
Zu vulkanischen Erdbeben kommt es bei …	… an der Erdoberfläche liegende Stelle mit der größten Erschütterung.
Einsturzbeben kommen über ….	… die sich bemerkbar machen.
Das Hypozentrum (= Erdbebenherd) ist in der Erde ...	… unterirdischen Hohlräumen zustande.
Vom Hypozentrum breiten sich die	… sich sehr große Flutwellen (= Tsunamis) ergeben können.
Das Epizentrum ist die senkrecht über dem Hypozentrum …	… Tätigkeiten von Vulkanen (vor allem bei Vulkanausbrüchen).
Seebeben sind unter dem Meer entstehende Erdbeben, wodurch …	… die Stelle, wo das jeweilige Erdbeben entsteht.

PLATTENTEKTONIK
Vulkane, Erdbeben & Co – Bestell-Nr. 11 769

3 Erdbeben

EA

<u>Aufgabe 2</u>: *Erstelle eine gute Zeichnung. In dieser Zeichnung soll dargestellt sein, wie sich ein Erdbeben von einem Hypozentrum (= Erdbebenherd) im Erdinneren bis an die Erdoberfläche wellenförmig ausbreitet. Trage auch in die Zeichnung ein, wo das Epizentrum liegt.*

KOHL VERLAG PLATTENTEKTONIK Vulkane, Erdbeben & Co. • Bestell-Nr. 11 769

3 Erdbeben

EA

Aufgabe 3: *Ergänze den Lückentext. Die Such-Begriffe findest du in dem Kasten.*

Radon – Spannungen – Nachbeben – Erdplatten – Seismologie – Seismometer – Erdplatten – Zerstörungen – Seismographen – Erdbeben – Tieren – Vorbeben – Seismogramm – schwach

Zusammengefasst lässt sich sagen: ______________ entstehen in den meisten Fällen durch ______________ zwischen den ______________. Die Wissenschaft, die sich extra mit Erdbeben befasst, heißt ______________ *(seismos [griech.] = Erderschütterung)*. Erdbeben (Stärke, Dauer ...) werden mit Geräten gemessen. Diese werden als ______________ oder als ______________bezeichnet.

Die bei der Registrierung der Erdbeben aufgezeichneten Linien ergeben jeweils ein

______________.

Die allermeisten aufgezeichneten Erdbeben sind so ______________ , dass sie von Menschen im täglichen Leben gar nicht bemerkt werden. Demgegenüber gab es jedoch auch Erdbeben mit verheerenden ______________ und ganz vielen Toten.

Wo es zu einem Erdbeben kommen kann, lässt sich aufgrund des Verlaufes der ______________ in etwa voraussagen, aber nicht, wann es sich ereignet. Auffallendes Verhalten von ______________ (z.B. Schlangen), Schwankungen von Grundwasser in Brunnen, ein erhöhter Gehalt von ______________ (= ein radioaktives Edelgas) im Boden können Hinweise auf Erdbeben sein. Des Öfteren begleiten ein ______________ und ein ______________ das Erdbeben.

EA

Aufgabe 4: *Erdbeben gelten als die gefährlichsten Naturkatastrophen. Nach einer Untersuchung von US-amerikanischen Wissenschaftlern sollen in den letzten zehn Jahren etwa 60 % aller bei Naturkatastrophen getöteten Menschen bei Erdbeben ums Leben gekommen sein.*
Sortiere die Naturkatastrophen nach den meisten Todesfällen.
Was ist deiner Meinung nach die richtige Reihenfolge?

Seismograph

Erdbeben – Hitzewellen – Tsunamis – Überschwemmungen – Zyklone (Wirbelstürme)

____

____

____

3 Erdbeben

Aufgabe 5: *Beantworte die Fragen mithilfe des Textes in vollständigen Sätzen.*

a) Was ist die Seismologie?

b) Womit werden Erdbeben gemessen?

c) Welche Auswirkungen können Erdbeben haben?

d) Lassen sich Erdbeben voraussagen?

e) Nenne drei Dinge, die auf ein bevorstehendes Erdbeben hinweisen können.

f) Wovon wird ein Erdbeben häufig begleitet?

KOHL VERLAG PLATTENTEKTONIK Vulkane, Erdbeben & Co. ■ Bestell-Nr. 11 769

3.2 Menschen als Verursacher von Erdbeben

Der von Menschen betriebene Bergbau kann zu Erdbeben (vor allem Einsturzbeben) führen oder dazu beitragen.

Wissenschaftler fanden heraus: Auch die Förderung von Erdgas und Erdöl durch Fracking kann Erdbeben verursachen. Der Begriff Fracking ist abgeleitet vom englischen Wort fracture (= brechen, aufbrechen). Beim Fracking wird ein Gemisch von Wasser und u.a. Sand mit hohem Druck in Bohrlöcher gepresst. Dadurch werden Risse im Gestein aufgebrochen, um somit darin enthaltenes Erdgas und/bzw. Erdöl zu gewinnen. Ein Team von Wissenschaftlern stellte im US-Bundesstaat Ohio fest: Durch Fracking wurde unbeabsichtigt eine bisher ungekannte, alte Verwerfung im Erdinneren aktiviert. Es kam durch Fracking zu Erdbeben. In der Zeit der Untersuchung erreichten die durch Fracking ausgelösten Erdbeben eine Stärke von 1 bis maximal 3 auf der Richter-Skala. Die durch Messgeräte registrierten Beben richten jedoch keine Schäden auf der Erdoberfläche an. Nachdem aufgrund der Beben das Fracking eingestellt worden war, hörten die Erdbeben bald auf.

Fracking-Anlage

Die Untersuchungsergebnisse zeigen, dass die Methode der Energiegewinnung durch Fracking sehr bedenklich ist. Dadurch können Erdbeben ausgelöst werden. Durch Fracking sind aber auch gesundheitliche Schäden für Menschen im Umkreis zu befürchten. So steht Fracking im Verdacht, zu Krebserkrankungen beizutragen.

EA

Aufgabe 6: *Erläutere, wie durch Menschen Erdbeben verursacht werden können.*

____

____

____

____

____

____

____

____

3.3 Messung von Erdbeben

Erdbeben in Valdivia

Der italienische Wissenschaftler G. Mercalli (1850-1914) entwickelte Ende des 19. und zu Beginn des 20. Jahrhunderts eine sogenannte Mercalli-Skala *(Scala [ital.] = Treppe, Leiter)*. Die Mercalli-Skala misst die Erdbeben nach ihren Auswirkungen an der Erdoberfläche. Die später erweiterte Mercalli-Skala reicht bis zur Stufe XII (= vollständige Zerstörung).

Im Gegensatz dazu ist die Richter-Skala die in der Öffentlichkeit bekannteste Skala zur Messung der Stärke von Erdbeben. Diese Skala ist benannt nach dem US-amerikanischen Seismologen C.F. Richter (1900-1985), der die Skala in den dreißiger Jahren aufstellte. Gemäß den durch Seismographen aufgezeichneten Ausschlägen unterschied CF. Richter verschiedene Stärken von Erdbeben: Stärke 1 (= nur von Instrumenten messbar), Stärke 2, Stärke 3 usw.. Jede höhere Zahl der Stärke auf der Skala steht für die Verzehnfachung der Erderschütterung und etwa 32-fache Freisetzung der Energie im Vergleich zur in der Skala davor genannten Zahl. Die Richter-Skala wird zwar heute nicht mehr in der Wissenschaft der Seismologie verwendet. Jedoch wird die Richter-Skala, die von der Stärkezahl her erweitert wurde, weiterhin vor allem von Medien – da die Richter-Skala bekannt ist – in Meldungen über Erdbeben herangezogen. Medien (Zeitungen, Radio Fernsehen ..) geben die Stärke von Erdbeben in Werten auf der Richter-Skala an, z.B. ein Erdbeben mit der Stärke 6,9 in Japan im Februar 2015. Als bisher stärkstes gemessenes Erdbeben auf der Erde gilt ein Erdbeben in Chile im Jahr 1960. Für das Erdbeben bei Valdivia wird in der Fachliteratur eine Stärke von 9,5 auf der Richter-Skala angegeben.

EA **Aufgabe 7:** *Erkläre in eigenen Sätzen die Mercalli-Skala und Richter-Skala.*

____

____

____

____

EA **Aufgabe 8:** *Wodurch unterscheiden sich die Mercalli-Skala und die Richter-Skala?*

____

____

____

3.4 Verbreitung von Erdbeben auf der Erde

Aufgabe 9: *Nimm einen möglichst aktuellen Atlas zur Hilfe. Stelle im Atlas fest, welche Gebiete auf der Erde in der Vergangenheit von starken Erdbeben betroffen waren und erdbebengefährdet sind. Kennzeichne diese Gebiete auf der vorliegenden Weltkarte mit gelber Farbe.*

3.5 Erdbeben in Deutschland

Auch in Deutschland gibt es Erdbeben, ja sogar viele. Jedoch sind diese Erdbeben fast immer schwach und werden von der Bevölkerung meistens nicht gespürt. Zu den Erdbeben kommt es, obwohl Deutschland nicht am Rand der Eurasischen Erdplatte liegt. In der südlichen Hälfte Deutschlands treten mehr Erdbeben auf als in der nördlichen Hälfte des Landes. Dazu trägt bei, dass die Afrikanische Erdplatte vom Süden gegen die Eurasische Erdplatte drückt.

Erdbeben ereignen sich in Deutschland vermehrt in der Niederrheinischen (= Kölner) Bucht, in der Oberrheinischen Tiefebene, in der Schwäbischen Alb und im Vogtland oder jeweils in der Umgebung. Baden-Württemberg ist das Bundesland mit den meisten Erdbeben.

Insgesamt gesehen sind die Schäden durch Erdbeben relativ gering. Manche Erdbeben sind auf den betriebenen Bergbau zurückzuführen, u.a. im Ruhrgebiet und im Saarland. In Norddeutschland (Niedersachsen) traten und treten Erdbeben im Zusammenhang mit der Förderung von Erdgas (durch Fracking) auf. Dabei ergeben sich z.B. Risse an Häusern.

EA

Aufgabe 10: *Markiere in der kleinen Kartenskizze die vier Gebiete, wo sich in Deutschland vermehrt Erdbeben ereignen.*

PLATTENTEKTONIK
KOHL VERLAG Vulkane, Erdbeben & Co. • Bestell-Nr. 11 769

3 Erdbeben

EA

Aufgabe 11: **a)** *Welche Aussagen sind richtig? Kreuze an.* **X** Richtig

b) *Korrigiere unten die falschen Aussagen.*

		Richtig	Falsch
a)	In Deutschland kommt es zu zahlreichen Erdbeben.		
b)	Schwache Erdbeben merkt man meistens nicht.		
c)	Deutschland liegt am Rand der Eurasischen Erdplatte.		
d)	Im Norden Deutschlands gibt es mehr Erdbeben als im Süden.		
e)	Die Eurasische Erdplatte schiebt sich gegen die Afrikanische Platte.		
f)	In vier verschiedenen deutschen Gebieten treten Erdbeben häufiger auf.		
g)	Baden-Württemberg ist nicht so oft von Erdbeben betroffen.		
h)	In Deutschland gibt es keine Schäden durch Erdbeben.		
I)	Durch den Bergbau können Erdbeben entstehen.		
j)	Auch aufgrund der Erdgasförderung (durch Fracking) sind Erdbeben möglich.		

b) ______________________________

____

____

____

____

____

____

____

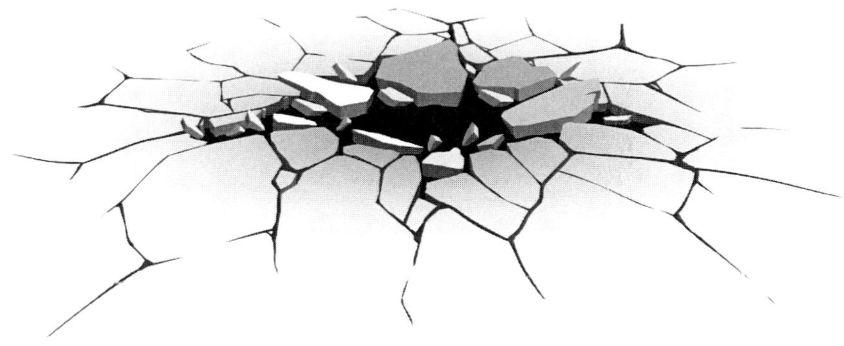

KOHL VERLAG PLATTENTEKTONIK Vulkane, Erdbeben & Co – Bestell-Nr. 11 769

3.6 Die Zerstörungskraft von Erdbeben

Starke Erdbeben haben eine gewaltige, ja gigantische Zerstörungskraft. Auf Flächen mit dichter Bebauung verursachen diese Erdbeben noch (viel) mehr Schäden als auf freien Flächen.

EA

Aufgabe 12: *Ergänze im nachfolgenden Text die fehlenden Wörter.*

Was starke Erdbeben anrichten können:

- Hochhäuser und andere Häuser ________________ zusammen.
- Straßen werden __________________ .
- Wasser- und Stromleitungen werden _____________ .
- Brände ___________________ .
- Eisenbahnschienen werden __________ und verschoben.
- Eisenbahnwaggons werden übereinander _____________ .
- Türme (z.B. Kirchtürme) _____________ um.
- Autos werden _________________ .
- Der Erdboden wird __________________________ .
- Wasser aus Bächen, Flüssen _____________ über die Ufer.
- ______________ bahnen sich ihren Weg zwischen Trümmern.
- Menschen werden von Trümmern __________________ .
- Überlebende __________ in Panik umher.

PA

Aufgabe 13: *Überlegt, welche Sofortmaßnahmen sofort nach einem Erdbeben ergriffen werden müssen.*

____

____

____

____

3.7 Schutz vor Auswirkungen von Erdbeben

Die Menschen können natürlich Erdbeben nicht verhindern. Deshalb gilt es, sich vor Auswirkungen von Erdbeben zu schützen. Weltweit gibt es inzwischen sehr viele Stationen (= Erdbebenwarten), die schon geringste Erderschütterungen erfassen. Jedoch ist es bisher nicht möglich vorherzusagen, wann und wo genau es zu einem Erdbeben kommt.

Eine frühzeitige Warnung vor einem Erdbeben aufgrund der Messwerte einer oder mehrerer Erdbebenwarten (sodass den Menschen Zeit zur Flucht bleibt) kann zahlreiche Menschen vor dem Tod bewahren. Dies betrifft insbesondere Erdbeben unter dem Meeresspiegel (= Seebeben), die Tsunamis auslösen können, die später auf Küsten treffen. In stark erdbebengefährdeten Gebieten (Japan, China …) wurden und werden Gebäude mit Federungs- oder Dämpfungssystemen errichtet, die auch starken Erdbeben standhalten. In den bedrohten Regionen bestehen vielfältige, detaillierte Anweisungen zum Verhalten bei starken Erdbeben. Dazu gehören: Elektrische Geräte sofort auszuschalten sowie die Strom- und Gasversorgung, wenn möglich, abzuschalten. Wird man in einem Haus von einem Erdbeben überrascht, sollte man die Hände über seinem Kopf haltend Schutz unter einem Türrahmen oder unter einem stabilen Tisch suchen. Im Freien heißt es bei Erdbeben, sich von Gebäuden, Brücken, Türmen, Bäumen … zu entfernen bzw. fernzuhalten …

EA

Aufgabe 14: *Was kannst du in eigenen Sätzen zum Schutz bei Erdbeben sagen?*

4 Hintergrundinformationen

4.1 Tsunamis

Der Begriff „Tsunami“ kommt aus der japanischen Sprache und heißt wörtlich übersetzt „(große) Hafenwelle“.

tsu (japanisch) = Hafen

nami (japanisch) = Welle

apokalyptische Tsunamiwelle

Die Bezeichnung soll von Fischern aus Japan geprägt worden sein. Als diese einst vom Fischfang zurückkehrten, fanden sie in ihrem Heimathafen – verursacht durch eine riesige Welle – sehr viele Dinge zerstört vor, obgleich die Fischer auf offener See keine großen Wellen beobachtet hatten.

Tsunamis sind gewaltige und gefährliche Flutwellen. Meistens werden sie durch starke Seebeben (= Erdbeben am Meeresboden) ausgelöst, weniger oft durch Vulkanausbrüche unter dem Meeresspiegel. Auch kosmische Einschläge (z.B. durch mächtige Meteoriten) können die Ursache von Tsunamis sein.

Hervorgerufen durch einen der genannten Faktoren werden Wassermassen im Meer von unten nach oben gedrückt. Die zunächst zustande gekommenen flachen Meereswellen breiten sich vom Entstehungsort in alle Himmelsrichtungen kreisförmig aus. Auf dem offenen Meer bemerkt man Tsunamis normalerweise nicht, da deren Wellen hier klein sind.

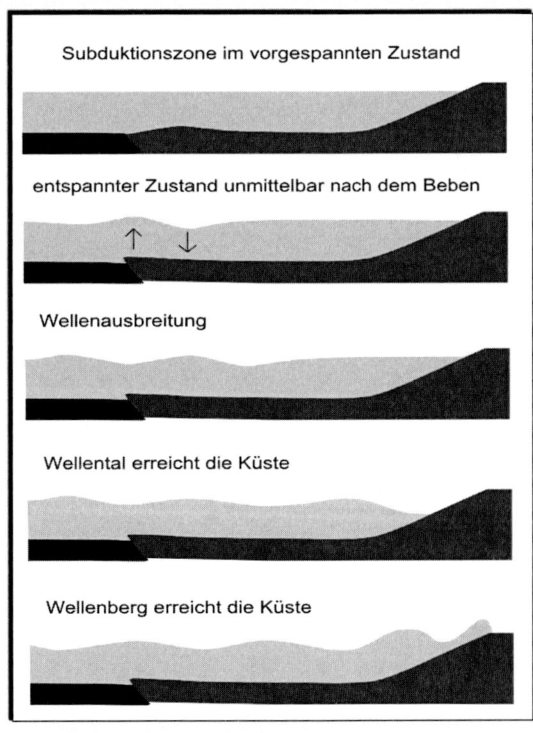

Entstehung eines Tsunamis

Mit sehr hoher Geschwindigkeit (800-1000 km/h) setzen sich die Wellen im offenen Meer fort. Wird das Meer in Küstennähe flacher, werden die Wellen abgebremst, durch nachfolgendes Wasser bauen sie sich mehr und mehr zu einer „Wasserwand“ auf. Kurz bevor diese auf die Küste stößt, rast die aufgetürmte „Wasserwand“ (= Riesenwelle), die 30 Meter und noch höher werden kann, mit gigantischer Kraft auf das Land und beschädigt bzw. vernichtet oftmals alles, was im Weg ist. Auf eine Riesenwelle folgen nicht sofort, aber in unterschiedlichen zeitlichen Abständen weitere enorme Wellen.

In der Vergangenheit bewirkten Tsunamis immense materielle Zerstörungen oder Schäden und nahmen unzählig vielen Menschen das Leben. Am häufigsten kommen Tsunamis im Pazifischen Ozean vor – und zwar am Rand der Pazifischen Erdplatte.

PA

Aufgabe 1: *Erklärt euch gegenseitig anhand der Grafik oben, wie ein Tsunami entsteht.*

4 Hintergrundinformationen

EA

Aufgabe 2: *Beantworte die Fragen mithilfe des Textes in vollständigen Sätzen.*

a) Was bedeutet das Wort „Tsunami“ wörtlich übersetzt?

b) Worauf ist die Bezeichnung „Tsunami“ vermutlich zurückzuführen?

c) Was können die Ursachen für Tsunamis sein?

d) Warum sind Tsunamis so gefährlich?

EA

Aufgabe 3: *Schreibe stichwortartig die Vorgänge bei einem Tsunami in der richtigen Reihenfolge auf (1. … , 2. … , 3. … usw.).*

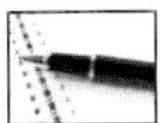

Schreibe in dein Heft/in deinen Ordner.

4.2 Gebirgsbildungen (Orogenese)

Ein Gebirge ist eine Gruppe von zusammenhängenden Bergen. Auch Gebirgsbildungen sind endogen hervorgerufen, d.h. Gebirge entstanden und entstehen durch sehr langsame Bewegungen im Erdinneren. Diese Strömungen kommen durch Temperaturunterschiede in der Erde zustande.

Mount Everest

Gebirgsbildungen erfolgen in überaus langen Zeiträumen, in Millionen von Jahren. Heutzutage wird die Entstehung von Gebirgen fast durchweg mithilfe der Theorie der Plattentektonik erklärt: Durch Zusammenstöße von Erdplatten kam es vor allem an Plattenrändern zu Erhebungen (= Gebirgen). So ist der Himalaya ein Faltengebirge, das als höchstes Gebirge auf der Erde gilt, durch die Kollision der Indisch-Australischen Erdplatte mit der Eurasischen Erdplatte entstanden. Im Gegensatz zu Faltungen kann es bei Kollisionen zu Brüchen kommen. Dabei entstandene Blöcke können herausgehoben werden, sodass sich Bruch(schollen)-gebirge ergeben. Vieles war und ist bei der Gebirgsbildung möglich. Die Vorgänge bei der Gebirgsbildung sind oft äußerst komplex und verlaufen sehr langsam. Hohe Gebirge sind nicht so alt wie niedrigere Gebirge. Der Grund dafür ist, dass niedrigere Gebirge im Laufe einer sehr langen Zeit durch exogene Kräfte (Wind, Wasser, Schwerkraft …) stark abgetragen wurden.

EA

Aufgabe 4: *Erkläre mit deinen eigenen Worten die Entstehung von Gebirgen.*

KOHL VERLAG PLATTENTEKTONIK

4.3 Magnetismus

Aufgabe 5: *Setze die folgenden Begriffe in die richtigen Lücken.*

Magnet – Pol – Strahlungen – Lage –
Menschen – Strömungen – Kraft –
Antarktis – Weltraum – Erdkern

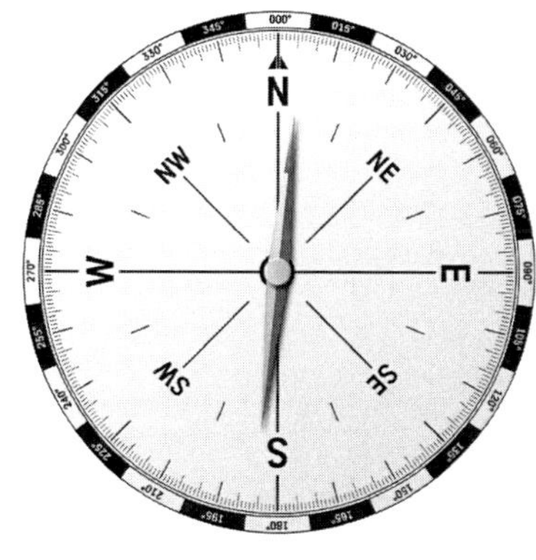

a) Der Magnetismus der Erde ist eine endogene _______________, das heißt, sie stammt aus dem Erdinneren.

b) Die Erde selbst ist ein riesengroßer _______________ mit einem noch größeren Magnetfeld.

c) Wissenschaftler sind zu der Erkenntnis gekommen, dass der Magnetismus der Erde im äußeren _______________ entsteht. Dieser ist flüssig und enthält viel Eisen.

d) Für den Magnetismus werden ____________________ verantwortlich gemacht, die sich aufgrund von Temperaturunterschieden ergeben.

e) Die Erde weist jeweils einen wandernden magnetischen Pol in der Arktis und in der ____________________ auf.

f) Der Magnetismus der Erde hilft den ____________________, sich zu orientieren.

g) So zeigt die Kompassnadel zum magnetischen __________ in der Arktis.

h) Aus dem Erdinneren reicht das Magnetfeld der Erde über die Erdoberfläche sehr weit in den _________________ hinaus.

i) Das Magnetfeld der Erde schützt ihre Lebewesen vor _________________ aus dem Weltraum (= kosmische Strahlungen).

j) Dieses Magnetfeld verändert sich, u.a. wechselt die _________ der beiden magnetischen Pole. Messungen ergaben, dass das Magnetfeld der Erde schon seit langer Zeit zunehmend schwächer wird. Die Ursachen dafür und Auswirkungen davon können bislang nicht abschließend geklärt werden.

KOHL VERLAG PLATTENTEKTONIK Vulkane, Erdbeben & Co – Bestell-Nr. 11 769

Hintergrundinformationen

Aufgabe 6: *Sammelt gemeinsam 5 Aussagen zum Thema „Magnetismus“. Tauscht euch untereinander aus.*

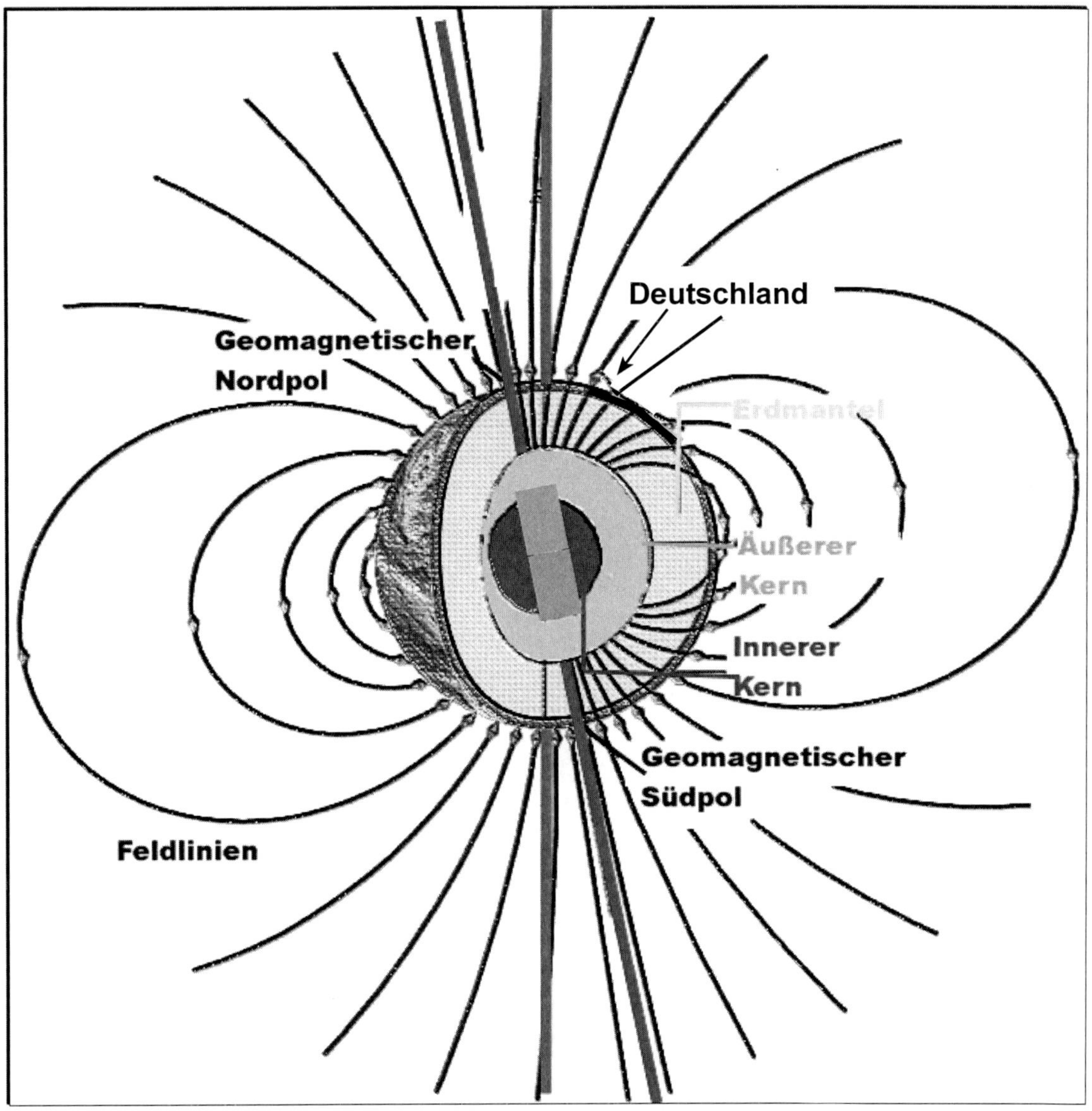

Aufgabe 7: *Beschreibt gemeinsam, was die Zeichnung darstellt.*

4.4 Einwirkungen auf die Erdoberfläche

EA

Aufgabe 8: *Füge an den mit Pfeilen markierten Stellen die richtigen Begriffe ein. Nutze dazu den Wörterspeicher.*

Erdboden – Wasser – Schnee & Eis – Seebeben – Wind – Lebewesen – Gebirgsbildung – Schwerkraft – Sonne – Magnetismus – Vulkanismus

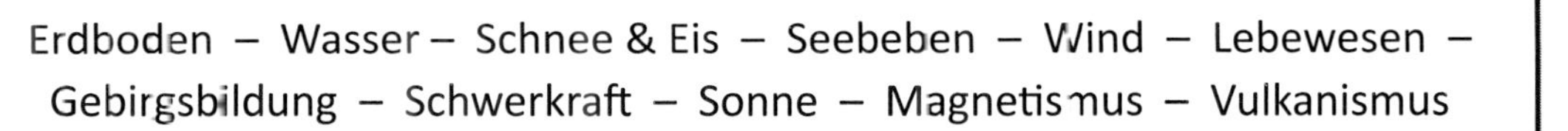

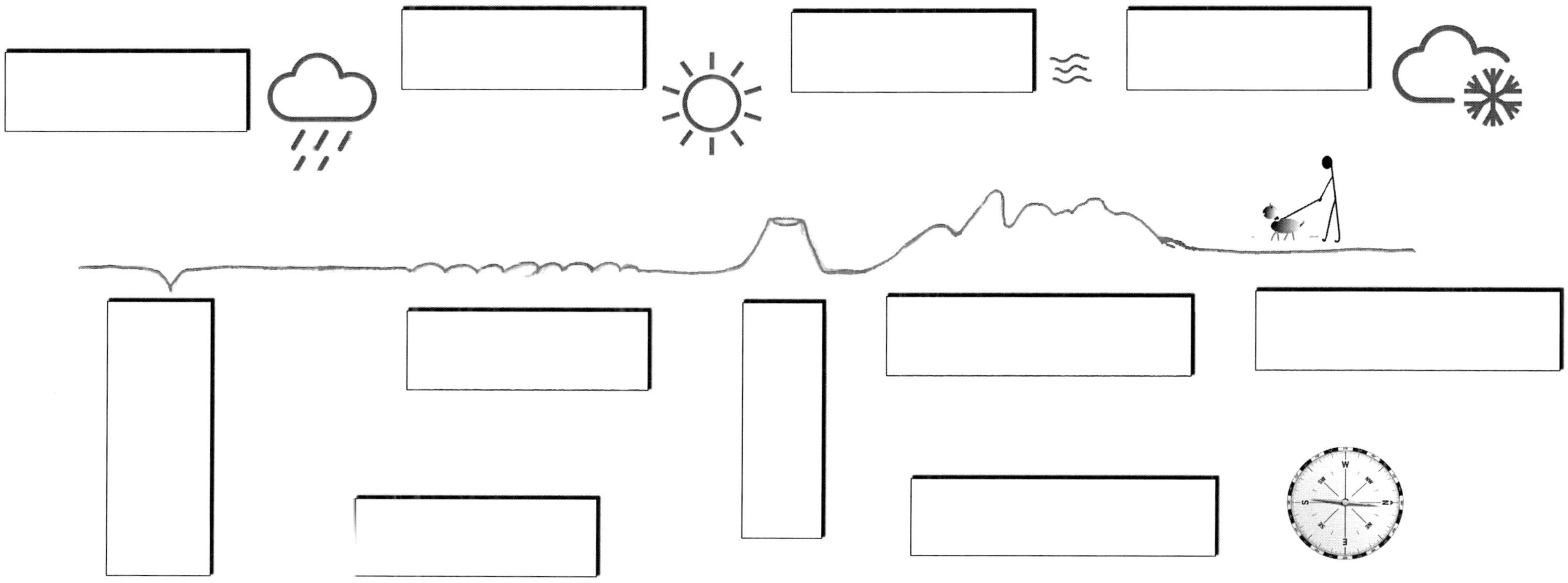

EA

Aufgabe 9: *Beschreibe, was die Zeichnung aussagen soll. Schreibe in dein Heft/in deinen Ordner.*

4.5 Exogene Kräfte

Von außen wirken das Wasser, die Sonne, der Wind (= äolische[1] Kraft), die Schwerkraft (= Gravitation[2]) und Lebewesen (Pflanzen, Tiere, Menschen) wesentlich auf die Erdoberfläche ein.

Das Meerwasser wird als marine[3] Kraft, das fließende Wasser auf Landflächen (vor allem in Flüssen) als fluviale[4] Kraft sowie Eis (z.B. in Form von Gletschern) als glaziale[5] Kraft bezeichnet.

Im Gegensatz zu endogenen Kräften agieren die exogenen Kräfte überwiegend reliefmindernd, das heißt, sie tragen Materialien ab. Dieses Material wird an anderen Stellen aber wieder angelagert.

Die hauptsächlich linienhafte Abtragung von Materialien durch fließendes Wasser nennt man Erosion[6].

Denudation[7] heißt die flächenhafte Abtragung auf nichtebenen Flächen.

Unter Deflation[8] wird das Davontragen von Sand, Staub ... durch den Wind verstanden.

Verwitterung ist die allmähliche Zersetzung und damit die Zerstörung von Gesteinen und Mineralien. Das Wort Verwitterung hängt mit Wetter und Witterung zusammen.

Dabei sind oft die mechanische (= physikalische) Verwitterung, die chemische Verwitterung und die biogene (= biologische) Verwitterung zusammen tätig.

Die mechanische Verwitterung beruht auf Temperaturgegensätzen (Kälte und Wärme), die chemische Verwitterung auf der Umwandlung von Stoffen (z.B. durch kohlensäurehaltiges Wasser) und die biogene Verwitterung auf der Tätigkeit von Pflanzen und Tieren.

Die Menschen sind eine sehr wichtige exogene Kraft. Die Menschen haben bisher mehr als 2/3 der Landfläche der Erde in Kulturland(schaften) umgewandelt.

Schließlich gilt es zu den exogenen Kräften auch Himmelskörper wie große Meteoriten, Kometen, Asteroiden zu zählen, die auf die Erdoberfläche treffen oder aufschlagen konnten und können.

[1] Äolos [griech.] = Gott der Winde
[2] gravitas [lat.] = Schwere
[3] mare [lat.] = Meer
[4] fluvialis [lat.] = im, am Fluss
[5] glacies [lat.] = Eis
[6] erosio [lat.] = Herausriss, Zernagung
[7] denudare [lat.] = entblößen
[8] deflare [lat.] = wegwehen

EA

Aufgabe 10: *Unterstreiche im Text die genannten Fachbegriffe. Erkläre dann kurz stichwortartig die Fachbegriffe. Schreibe in Form einer Tabelle in dein Heft/in deinen Ordner.*

EA

Aufgabe 11:  *Exogene Kräfte – was sind das? Schreibe eine kurze Erklärung, die in einem Lexikon schreiben könnte. Schreibe in dein Heft/in deinen Ordner.*

4.6 Natur und Menschen

Zwar haben Menschen viele Kulturlandschaften auf der Erdoberfläche geschaffen, dennoch bestimmt die Natur mit ihren endogenen und exogenen Kräften Vieles auf der Erde. Aus Naturereignissen werden des Öfteren Naturkatastrophen, die die Stärke der Natur beweisen. Viele Naturereignisse sind nicht sicher berechenbar und voraussagbar. Vor allem nicht jene Ereignisse, die auf endogenen Kräften beruhen. Die Natur ist mächtig, lässt sich letztlich nicht zähmen oder sogar beherrschen.

Den Menschen bietet die Natur Imposantes, Schönes und Nutzbares. Viele Menschen müssen lernen, mit der Natur (im Einklang) zu leben, nicht glauben, ohne sie leben zu können. Man sollte nicht annehmen, die Natur sogar ausschalten zu können. Die Menschen brauchen die Natur, es ist nicht umgekehrt. Wer die Natur nicht beachtet, nicht respektiert, ja schädigt, spürt häufig erst später die negativen Folgen.

EA

Aufgabe 12: *Fasse den Inhalt des Textes in fünf eigenen kurzen Sätzen zusammen.*

EA

Aufgabe 13: *Welche Meinung hast du zum Inhalt des oberen Textes? Schreibe deine Gedanken auf.*

KOHL VERLAG PLATTENTEKTONIK Vulkane, Erdbeben & Co – Bestell-Nr. 11 769

Ein Zitat: (F. Heitmann)

„Die Natur ist wunderschön, sie kann aber auch schrecklich sein."

Aufgabe 14:

Nennt Beispiele für die jeweilige Aussage. Sortiert sie in die Tabelle.

Die Natur ist wunderschön.	Die Natur kann aber auch schrecklich sein.

4.7 Kartenlegespiel

Aufgabe 15: *Drucke und schneide die Karten aus, und lege sie verdeckt auf den Tisch, lege einzelne Karten auf und ordne danach abwechselnd mit deinem Spielpartner das Bild dem jeweils passenden Text zu.*

Vulkan		**Gebirgs-bildung**		**Pangäa**	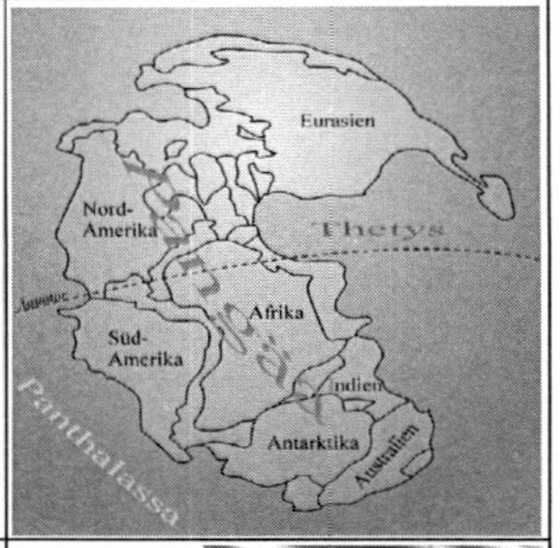
Platten-tektonik		**Schutz vor Tsunamis**		**Seismograph**	
Erdbeben		**Maarsee**		**Stoßvulkan**	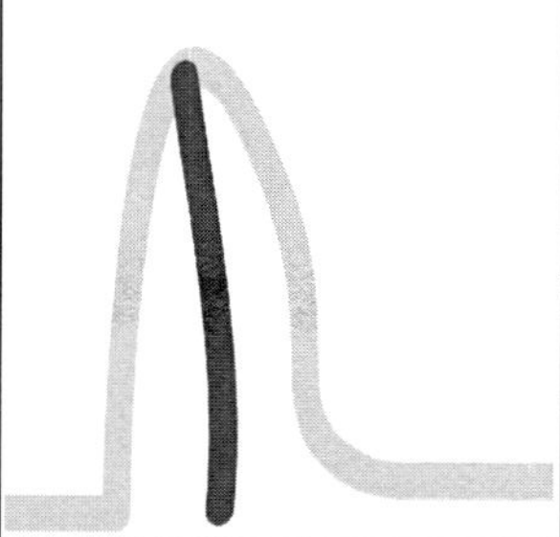
Tsunamis	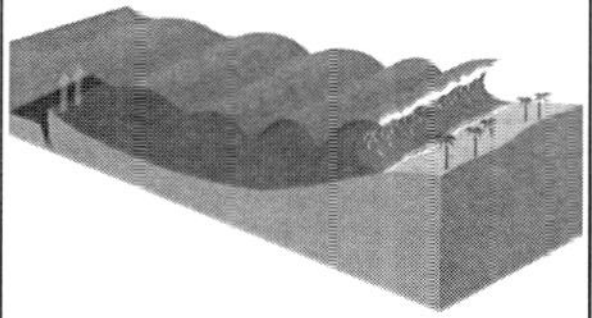	**Fracking**		**Lava**	

4.7 Was weißt du über...?

Ideen:
- *In Einzelarbeit werden die Fragen beantwortet.*
- *Als Partnerarbeit werden die Karten ausgeschnitten, gemischt und anschließend gezogen. Richtige Antworten geben einen Punkt. Wer die meisten Punkte hat, hat gewonnen.*
- *Im Plenum stellt der Spielleiter zwei Großgruppen abwechselnd die Fragen. Richtige Antworten ergeben einen Punkt. Wer am Ende die meisten Punkte hat, ist Sieger.*

die Gliederung des Erdinneren 1	frühere Theorien zur Erklärung des Baues und der Bewegung der Erdkruste 2	die Kontinentalverschiebungstheorie 3	die Theorie der Plattentektonik 4	Beispiele für Bewegungen von Erdplatten 5	Vulkanismus 6
die Verbreitung von Vulkanen 7	den Vulkanismus in Europa 8	Typen von Vulkanen 9	Hot Spot-Vulkane 10	Auswirkungen von Vulkanausbrüchen und Vorkehrungen 11	Vorteile (Nutzen) und Nachteile (Gefahren) durch Vulkane 12
Fachbegriffe zu Erdbeben 13	Ursachen von Erdbeben 14	Menschen als Verursacher von Erdbeben 15	die Messung von Erdbeben 16	die Verbreitung von Erdbeben auf der Erde 17	Erdbeben in Deutschland 18
die Zerstörungskraft von Erdbeben 19	den Schutz vor Auswirkungen von Erdbeben 20	Tsunamis 21	die Gebirgsbildung 22	den Magnetismus der Erde 23	exogene Kräfte 24

5 Die Lösungen

1

Aufgabe 1: <u>Endogen</u>: Gebirgsbildung, Magnetismus, Erdbeben, Seebeben, Vulkanismus
<u>Exogen</u>: Schwerkraft, Sonne, Wind, Wasser/Eis, Lebewesen (Menschen, Tiere, Pflanzen)

Aufgabe 2: Auf der Erdoberfläche bewirken <u>endogene</u> Kräfte gewöhnlich unter anderem unterschiedliche Höhen.
Durch <u>exogene</u> Kräfte werden Höhenunterschiede meistens abgetragen, das heißt verringert.

Aufgabe 3: Das Erdinnere ist unterteilt in verschiedene Schalen (= Schichten), wobei zwischen den einzelnen Schalen (= Schichten) Übergangszonen bestehen. Die äußerste Schicht der Erde bildet die Erdkruste, sie ist fest. Die kontinentale Kruste ist bis zu ca. 60 km dick, die ozeanische Kruste nur bis etwa 10 km dick. Nach der Erdkruste folgt der Obere Erdmantel, danach der Untere Erdmantel. Der Obere Erdmantel ist fest, zähplastisch oder zähflüssig, der Untere Erdmantel ist fest. Der Obere Erdmantel reicht bis rund 700 km Tiefe, der Untere Erdmantel bis ungefähr 2900 km Tiefe. Der dann folgende Äußere Erdkern ist flüssig bzw. zähflüssig und enthält (vor allem) Eisen. Bis zu einer Tiefe von etwa 5100 km erstreckt sich der Äußere Erdkern. In der Mitte der Erde befindet sich der Innere Erdkern. Er ist fest und besteht (vor allem) aus Eisen und Nickel – zumindest wird all dies angenommen ...

Aufgabe 4:
a) Lehre vom Bau und der Bewegung der Erdkruste
b) Vergrößerung des Volumens der Erde durch Ausdehnung der Erdwärme und Abnahme der Schwerkraft *(Vermutung)*
c) Zusammenziehung und Schrumpfung der Erde *(Vermutung)*
d) Wechsel von Ausdehnungen und Schrumpfungen der Erde *(Vermutung)*
e) Wirkungen von Fließbewegungen unter der Erdkruste *(Vermutung)*
f) Driften der Kontinente *(Vermutung)*

Aufgabe 5: Der Forscher Alfred Wegener nahm einen Urkontinent an. Diesem gab er den Namen Pangäa. Das Wort Pangäa stammt aus dem Altgriechischen und bedeutet übersetzt „ganze Erde".

Aufgabe 6: Individuelle Lösungen.

Aufgabe 7: Individuelle Lösungen.

Aufgabe 8:
a) Vor ca. 225 Millionen Jahren waren die einzelnen heutigen Kontinente noch eng miteinander verbunden. Sie bildeten den Großkontinent Pangäa. Dieser teilte sich auf in Laurasia und Gondwana. Ein riesengroßer Urozean umgab Pangäa.
b) Vor etwa 50 Millionen Jahren hatten sich die meisten heutigen Kontinente schon voneinander entfernt. Australien lag noch dicht an Antarktika, Eurasien ebenfalls dicht an Nordamerika. Nordamerika war noch nicht wie heute – mit Südamerika verbunden, Indien nicht mit Eurasien.
c) Angenommen wird in rund 150 Millionen Jahren: Nord- und Südamerika haben sich wieder voneinander getrennt. Australien und Asien haben sich einander genähert. Der östliche Teil Afrikas trennt sich mehr und mehr vom übrigen Afrika ...

Aufgabe 9: Der Kochtopf mit Inhalt wird von unten her durch die Herdplatte zunehmend erhitzt. Die Hitze steigt vom Boden des Kochtopfes auf und setzt die dickflüssige Erbsensuppe in Bewegung. Die Erbsensuppe beginnt zu brodeln. Die 2 Stücke Knäckebrot schwimmen oben auf der Erbsensuppe und verändern ihre Lage.

Aufgabe 10: Die beiden Stücke Knäckebrot sollen 2 Erdplatten darstellen. Die dickflüssige Erbsensuppe symbolisiert den Erdmantel. Der Versuch soll aufzeigen: Die Erdplatten werden durch zähflüssiges, heißes Gesteinsmaterial, das im Erdmantel aufsteigt, in Bewegung gesetzt und in Bewegung gehalten.

Aufgabe 11:
a) Zwei Platten stoßen zusammen. <u>Auswirkungen</u>: Es kommt an den Stellen des Zusammenstoßes zu Erhebungen, Wölbungen, Faltungen (= Gebirge) ...
b) Zwei Platten entfernen sich voneinander. <u>Auswirkungen</u>: Der Zwischenraum zwischen beiden Erdplatten wird größer. Im Zwischenraum gelangt flüssiges Gestein (= Magma) von unten nach oben ...
c) Zwei Platten gleiten aneinander vorbei und reiben sich.
<u>Auswirkungen</u>: Die zwei Platten zerren aneinander, können sich verhaken. Erdspalten können entstehen ...

Aufgabe 12: Mögliche Lösung siehe Infotext.

5 Die Lösungen

1

Aufgabe 13: Die Erdoberfläche ist unterteilt in verschiedene (tektonische) Platten. Die Grenzen der Platten sind oft nicht identisch mit den Grenzen der Kontinente. Häufig verlaufen die Grenzen der Platten unter Ozeanen oder Meeren, so z.B. unter dem Atlantischen Ozean. Dort liegen die Grenzen zwischen der Nord-Amerikanischen Platte und der Eurasischen Platte sowie zwischen der Südamerikanischen Platte und der Afrikanischen Platte. Es gibt große Platten (z.B. die Indisch-Australische Platte). Meistens entfernen sich 2 benachbarte Platten voneinander oder sie stoßen zusammen.

Aufgabe 14:
- **a)** Man unterscheidet unter Asien, Afrika, Antarktika, Europa, Australien + Ozeanien, Nordamerika, Südamerika (Amerika)
- **b)** Die sieben großen Erdplatten heißen Nordamerikanische Platte, Südamerikanische Platte, Eurasische Platte, Afrikanische Platte, Indisch-Australische Platte, Pazifische Platte
- **c)** Kakasplatte, Nazca-Platte, Arabische Platte, Karibische Platte, Scotia Platte, Philippinische Platte

2

Aufgabe 1: In dieser Reihenfolge: Vulkanismus, Erdinneren, Feuergott, Erhebungen, Aktivität, Erdplatten, Meeresspiegel, Gestein, Magma, Lava

Aufgabe 2: Richtige Aussage: **b)**;
a) Verbessert: Vulcanus war ein römischer Gott.
c) Verbessert: Flüssiges Gestein, das an die Erdoberfläche gelangt, nennt man Lava.

Aufgabe 3:
- **a)** Unter Vulkanismus versteht man alle geologischen Vorgänge, bei denen flüssige, gasförmige und/oder feste Stoffe aus dem Erdinneren aufsteigen und an die Erdoberfläche gelangen.
- **b)** Es stammt aus der lateinischen Sprache
- **c)** Der Feuergott der Römer hieß Vulcanus.
- **d)** Vulcano ist eine kleine vulkanische Insel vor der Nordostküste Siziliens.
- **e)** Erhebungen (= Berge) auf der Erdoberfläche, aus denen flüssiges Gestein und/oder andere Stoffe austreten bzw. ausgetreten sind.
- **f)** Man unterscheidet aktive, ruhende und erloschene Vulkane.
- **g)** Wo Erdplatten aufeinandertreffen treten die meisten Vulkane auf.
- **h)** Vulkane die unter dem Meeresspiegel liegen, heißen untermeerische Vulkane.
- **i)** Als Magma bezeichnet man aufsteigendes flüssiges Gestein u.a. in Vulkanen, das nicht an die Erdoberfläche gelangt.
- **j)** Als Lava bezeichnet man flüssiges Gestein, das an der Erdoberfläche in Vulkanen oder Spalten der Erde austritt.

Aufgabe 4: Im Jahre 79 nach Chr. brach der Vulkan Vesuv aus. Dabei wurden die antike Stadt Pompeji sowie benachbarte Orte duch Lava und Vulkanasche überschüttet und die verbliebenen Lebewesen getötet. In der Neuzeit wurde die antike Stadt Pompeji ausgegraben. Daher weiß man so viel darüber.

Aufgabe 5: Individuelle Lösungen.

Aufgabe 6: Hot Spots bedeutet sehr heiße Stellen. Hot Spot-Vulkane sind Vulkane, die dort entstehen und bestehen, wo sich Erdplatten über Hot Spots hinwegschieben.

Aufgabe 7:

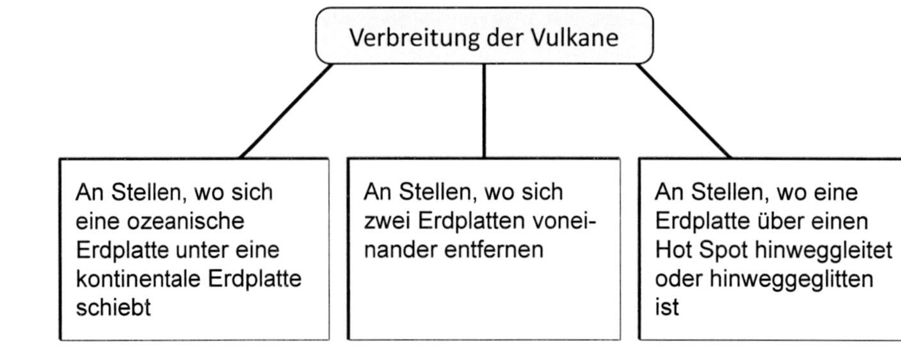

5 Die Lösungen

2

Aufgabe 8: Australien & Ozeanien; Asien; Nordamerika; Südamerika; Antarktika

Aufgabe 9:

Aufgabe 10:
a) Der Vesuv ist in Europa der einzige aktive Vulkan, der auf dem Festland liegt.
b) Der Ätna ist der höchste europäische Vulkan.
c) Island hat viele Vulkane.
d) Surtsey ist eine Insel, die durch einen untermeerischen Vulkanausbruch entstand.
e) Geysire sind heiße Springquellen, die in weitgehend regelmäßigen Abständen Wasser ausstoßen.

Aufgabe 11: Lösung siehe rechts.
1 - Siebengebirge; 2 - Eifel; 3 - Westerwald;
4 - Vogelsberg; 5 - Rhön; 6 - Schwäbische Alb;
7 - Hegau; 8 - Frankenwald; 9 - Fichtelgebirge;
10 - Oberpfälzer Wald; 11 - Erzgebirge;
12 - Kaiserstuhl.

Aufgabe 12: <u>Zusammengehörende Paare</u>:
A - 10, B - 9, C - 6, D - 5, E - 2,
F - 3, G - 8, H - 1, I - 7, J - 4

Aufgabe 13:
a) Stromboli (Italien);
Cotopaxi, Chimborazo (Ecuador);
Elbrus (Russland)...

b) Der Ausbruch legte durch die Aschewolke im April 2010 den Flugverkehr in Europa lahm.

Aufgabe 14: Lava, Asche, Gase, Staub, Steine, Gesteinsbrocken...

Aufgabe 15:
a) Schichtvulkane, (Stratovulkane), Schildvulkane, Aschevulkane, Gasvulkane, Spaltenvulkane, Stau- und Stoßvulkane, Calderen

b) <u>Mögliche Lösung</u>:
Je nachdem, welche Art von Lava aus dem Vulkan austritt werden diese Vulkane als rote oder graue Vulkane bezeichnet. Bei roten Vulkanen ist die ausfließende Lava sehr dünnflüssig. Bei grauen Vulkanen gelangt weniger heiße, mehr Gase enthaltende und zähflüssige Lava explosionsartig an die Erdoberfläche.

Aufgabe 16: <u>Richtige Aussage</u>: **b)**;
a) Verbessert: Schichtvulkane haben einen steilen Kegel.
c) Verbessert: Aus Aschevulkanen kommt fast nur vulkanisches Lockermaterial (Asche).

2

Aufgabe 17:

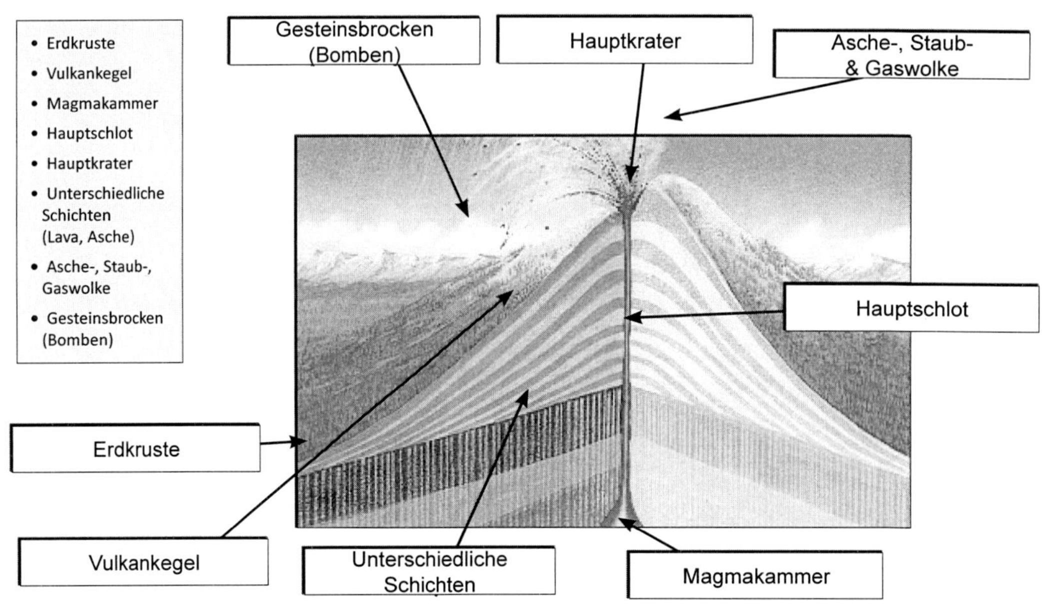

Aufgabe 18:

a) Von oben nach unten: 4, 6, 2, 8, 1, 9, 5, 7, 10, 3

b)
- Wissenschaftler gehen davon aus, dass tief aus dem Erdinneren an manchen Stellen glühendheißes Magma in breiten natürlichen Kanälen (Manteldiapire) nach oben steigt.
- Es wird vermutet, dass der Aufstieg dieses Magmas an der Grenze zwischen dem Erdmantel und dem Erdkern beginnt.
- Das glühendheiße Magma dringt schließlich ähnlich wie Schneidbrenner durch die sehr langsam driftenden Erdplatten vor.
- Die heißen Stellen werden als Hot Spots bezeichnet.
- An den Stellen, an denen sich die Hot Spots durch die Erdplatten schneiden, entstehen durch aufsteigendes Magma aktive Vulkane.
- Diese Vulkane nennt man Hot Spot-Vulkane.
- Die Aufstiegskanäle des glühendheißen Magmas und damit auch die Hot Spots bleiben viele Millionen von Jahren an denselben Stellen.
- Dagegen bewegen sich die über die Hot Spots gleitenden Erdplatten allmählich weiter.
- So kommt es, dass sich neue Hot Spot-Vulkane über den „heißen Stellen“ bilden.
- Alle Hot Spot-Vulkane erlöschen, wenn sie mit den Hot Spots keine Verbindungen mehr haben und kein Magma erhalten.

Aufgabe 19: Vulkanische Böden sind sehr fruchtbar. Darauf kann eine ertragreiche Landwirtschaft betrieben werden. Vor allem die ärmere Bevölkerung ist darauf angewiesen.

Aufgabe 20:

Vorteile (= Nutzen)	Nachteile (= Gefahren/Schäden)
• Fruchtbare Böden entstehen. • Stoffe aus Vulkanen sind industriell verwertbar (z.B. Schwefel zu Härtung von Reifen). • Aufsteigende Hitze, Wärme kann als Heizquelle genutzt werden. • Materialien aus Vulkanen lassen sich zur Behandlung von Schmerzen und Krankheiten einsetzen (z.B. Fangopackungen). • Wertvolle Stoffe können an die Erdoberfläche gelangen (z.B. Diamanten). • Förderung des Tourismus ist möglich.	• Riesige Sachschäden können verursacht werden. • Menschen und Tiere werden vielleicht getötet. Bisherige Landschaften mit ihren Pflanzen werden womöglich zerstört. • Vulkane können verheerende Katastrophen bewirken. • Flugverkehr kann beeinträchtigt oder sogar verhindert werden. • Klima kann beeinflusst werden (durch Asche weniger Sonneneinstrahlung auf der Erde).

5 Die Lösungen

2 **Aufgabe 21:** Individuelle Lösungen.

Aufgabe 22: Individuelle Lösungen.

3 **Aufgabe 1:** Zusammengehörende Paare (siehe rechts):

Satzanfänge:	Satzendungen:
Erdbeben sind Erschütterungen der Erde, ...	... tektonische Beben (mehr als 90% aller Erdbeben).
Die weitaus meisten Erdbeben sind ...	... Erschütterungen wellenförmig in alle Richtungen aus.
Die tektonischen Erdbeben ...	... aneinander reiben oder verhaken.
Erdplatten können sich z.B. ...	... entstehen durch Bewegungen der Erdplatten.
Zu vulkanischen Erdbeben kommt es bei ...	... an der Erdoberfläche liegende Stelle mit der größten Erschütterung.
Einsturzbeben kommen über	... die sich bemerkbar machen.
Das Hypozentrum (= Erdbebenherd) ist in der Erde ...	... unterirdischen Hohlräumen zustande.
Vom Hypozentrum breiten sich die ...	... sich sehr große Flutwellen (= Tsunamis) ergeben können.
Das Epizentrum ist die senkrecht über dem Hypozentrum ...	... Tätigkeiten von Vulkanen (vor allem bei Vulkanausbrüchen).
Seebeben sind unter dem Meer entstehende Erdbeben, wodurch ...	... die Stelle, wo das jeweilige Erdbeben entsteht.

Aufgabe 2: Lösungsvorschlag:

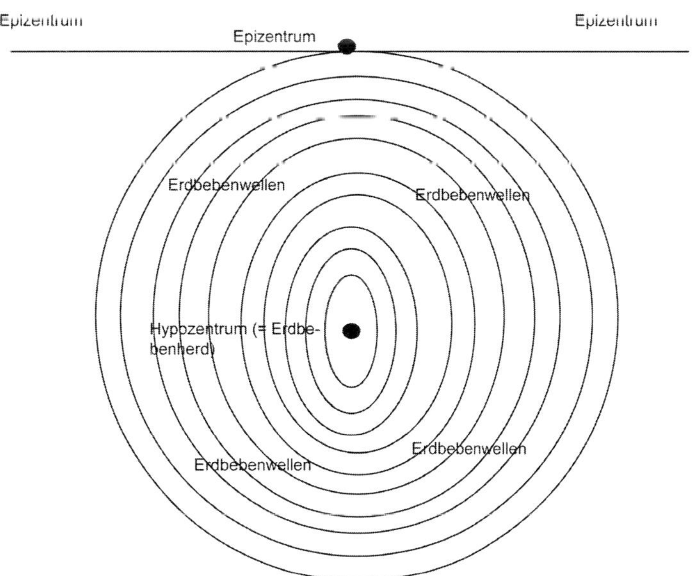

KOHL VERLAG
PLATTENTEKTONIK
Vulkane, Erdbeben & Co – Bestell-Nr. 11 769

5 Die Lösungen

3

Aufgabe 3: <u>In dieser Reihenfolge</u>: Erdbeben, Spannungen, Erdplatten, Seismologie, Seismometer, Seismographen, Seismogramm, schwach, Zerstörungen, Erdplatten, Tieren, Radon, Vorbeben, Nachbeben.

Aufgabe 4: Erdbeben – Tsunamis – Zyklone (Wirbelstürme) – Hitzewellen – Überschwemmungen

Aufgabe 5:
a) Die Seismologie ist die Wissenschaft, die sich mit Erdbeben befasst.
b) Erdbeben werden mit Seismographen (Seismometern) gemessen.
c) Ganz schwache Erdbeben richten keinen Schaden an. Starke Erdbeben können sehr große Zerstörungen bewirken und viele Todesopfer fordern.
d) Wo Erdbeben wahrscheinlich auftreten, lässt sich in etwa sagen, nicht jedoch, wann es dazu kommt.
e) Auffallendes Verhalten von Tieren (z.B. Schlangen), Schwankungen von Grundwasser in Brunnen sowie ein höherer Gehalt von Radon im Boden können darauf hinweisen.
f) Ein Erdbeben wird häufig begleitet von einem Vorbeben und Nachbeben.

Aufgabe 6: Menschen betrieben und betreiben Bergbau, um zum Beispiel Steinkohle und Eisenerz zu fördern. Mit dem Bergbau sind Erschütterungen der Erde verbunden. Auch durch Fracking, wodurch Erdgas und Erdöl gefördert werden soll, wird die Erde erschüttert.

Aufgabe 7: Individuelle Lösungen.

Aufgabe 8: Die Mercalli-Skala gibt die Auswirkungen der Erdbeben auf die Erdoberfläche an, inwieweit es zu Schäden kommt. Die Richter-Skala, die in der Öffentlichkeit bekannter ist, gibt die Stärke der Erdbeben wieder.

Aufgabe 9: Je dunkler die Gebiete, desto häufiger die Erdbebenwahrscheinlichkeit.

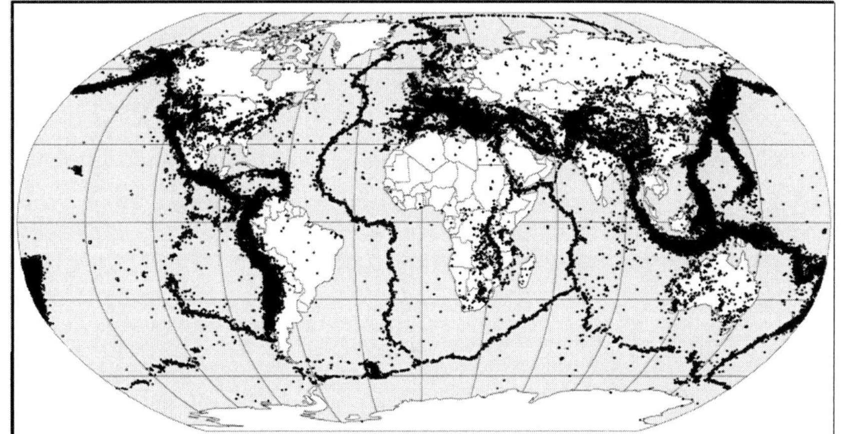

Aufgabe 10: <u>Lösung siehe rechts</u>:

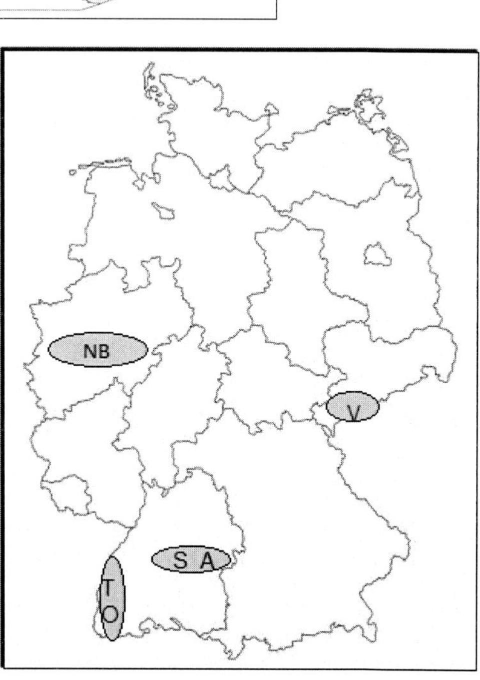

Aufgabe 11:
a) <u>Richtig</u>: a), b), f), i), j)

b) <u>Korrigierte Aussagen</u>:

c) Deutschland liegt ***nicht*** am Rand der Eurasischen Platte.
d) Im Süden Deutschlands gibt es mehr Erdbeben als im Norden.
e) Die Afrikanische Platte schiebt sich unter die Eurasische Platte.
g) Baden-Württemberg ist das von Erdbeben am stärksten betroffene Bundesland.
h) Insgesamt gesehen sind die Schäden durch Erdbeben in Deutschland eher gering, es kann aber z.B. zu Rissen an Häusern kommen.

KOHL VERLAG PLATTENTEKTONIK Vulkane, Erdbeben & Co. ▪ Bestell-Nr. 11 769

5 Die Lösungen

3 **Aufgabe 12:** Von oben nach unten: brechen, aufgerissen, druchtrennt, entstehen, verbogen, gedrückt, fallen, demoliert, aufgebrochen, tritt, Schlammlawinen, erschlagen, irren.

Aufgabe 13: Suche und Bergung von Überlebenden; Leisten von Erster Hilfe bei Verletzten; Sicherstellung der Grundversorgung der Überlebenden (Unterbringung, Nahrung, Trinkwasser); Bergung der Todesopfer; Aufräumarbeiten...

Aufgabe 14: Individuelle Lösungen.

4 **Aufgabe 1:** Individuelle Lösungen.

Aufgabe 2:

a) Das Wort „Tsunami" bedeutet aus der japanischen Sprache wörtlich übersetzt „(große) Hafenwelle".
b) Bei der Rückkehr vom Fischfang stießen einst japanische Fischer im Heimathafen auf gewaltige Zerstörungen. Zu diesen Zerstörungen war es durch eine riesige Welle gekommen. Auf hoher See hatten die Fischer jedoch keine großen Wellen gesehen.
c) Ursachen für Tsunamis können starke Seebeben, Vulkanausbrüche unter Wasser, ferne kosmische Einschläge (u.a. durch große Meteoriten) sein.
d) Tsunamis türmen sich an der Küste zu einer riesigen „Wasserwand" auf, die 30 m und bisweilen noch höher werden kann. Die „Wasserwand" zerstört bzw. beschädigt stark nahezu alles, was im Weg ist.

Aufgabe 3:

1. Z.B. Erdbeben unter Wasser (= Seebeben)
2. Wassermassen werden im Meer von unten nach oben gedrückt
3. Ausbreitung der zunächst flachen Meereswellen in alle Himmelsrichtungen mit sehr großer Geschwindigkeit
4. Abbremsung der Wellen in Küstennähe
5. Entstehung einer riesigen „Wasserwand", die enorme Zerstörungen ... an der Küste anrichtet und (sehr viele) Tote fordert.

Aufgabe 4: Individuelle Lösungen.

Aufgabe 5: **a)** Kraft, **b)** Magnet, **c)** Erdkern, **d)** Strömungen, **e)** Antarktis, **f)** Menschen, **g)** Pol, **h)** Weltraum, **i)** Strahlungen, **j)** Lage

Aufgabe 6: Mögliche Aussagen: Die Erde ist ein großer Planet. Es gibt einen magnetischen Pol in der Antarktis. Magnetismus entsteht wahrscheinlich im äußeren Erdkern. Die magnetischen Pole wandern. Das Magnetfeld der Erde bietet Schutz vor kosmischen Strahlungen. ...

Aufgabe 7: Die Zeichnung stellt dar, wie das Magnetfeld der Erde ausgehend von dem magnetischen Pol in der Arktis und dem magnetischen Pol in der Antarktis verläuft. Im Weiteren wird der Schalenaufbau des Erdinneren zumindest angedeutet. Die Zeichnung zeigt, dass der Magnetismus im äußeren Kern der Erde entsteht.

Aufgabe 8:

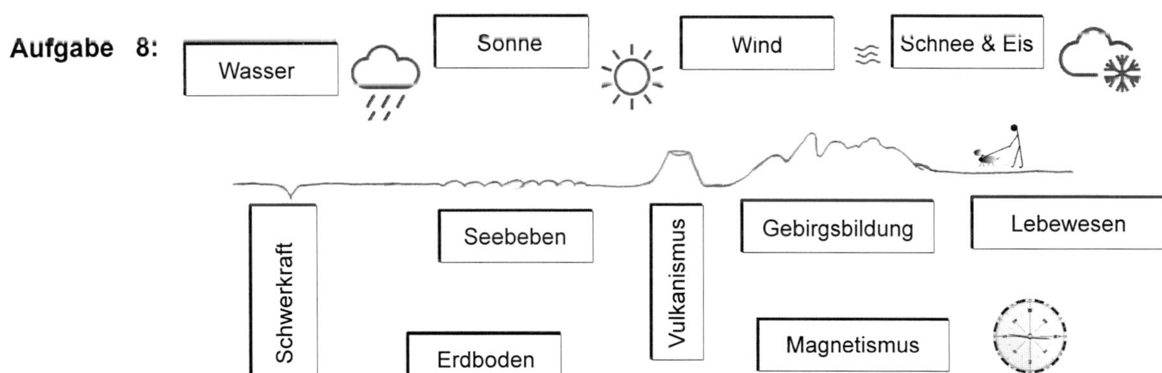

Aufgabe 9: Die Zeichnung sagt aus: Auf die Erdoberfläche wirken Kräfte aus dem Erdinneren und von außen ein. Genannt werden als erdinnere Kräfte Erdbeben, Seebeben, Vulkanismus, Gebirgsbildung sowie Magnetismus. Als Kräfte von außen werden angeführt: Wasser, Eis, Schnee, Sonne, Wind, Schwerkraft und Lebewesen.

5 Die Lösungen

4 **Aufgabe 10:**

Fachbegriff	Erklärung
äolische Kraft	Kraft des Windes
Gravitation	Schwerkraft, Erdanziehungskraft
marine Kraft	Kraft des Meeres
fluviale Kraft	Kraft des Wassers, vor allem in Flüssen
glaziale Kraft	Kraft des Eises
endogene Kraft	Kraft aus dem Erdinneren
exogene Kraft	Kraft von außen auf die Erdoberfläche wirkend
Erosion	linienhafte Abtragung durch das Wassers
Denudation	flächenhafte Abtragung auf nichtebenen Flächen
Verwitterung	Zersetzung, Zerstörung von Gesteinen und Mineralien
biogen	bewirkt durch Lebewesen (Tiere, Pflanzen)

Aufgabe 11: Exogene Kräfte wirken von außen auf die Erdoberfläche ein. Das Wort „exogen" kommt aus der lateinischen Sprache und heißt übersetzt von außen/außerhalb. Die wichtigsten exogenen Kräfte sind das Wasser, die Sonne, der Wind, die Schwerkraft sowie Lebewesen.

Aufgabe 12: Individuelle Lösungen.

Aufgabe 13: Es gibt zahlreiche durch die Menschen geschaffene Kulturlandschaften.
Die Natur bestimmt aber mit endogenen und exogenen Kräften viele Dinge auf der Erde.
Naturereignisse können zu Naturkatastrophen werden.
Der Mensch sollte mit der Natur im Einklang leben.
Der Mensch ist auf die Natur angewiesen.

Aufgabe 14: Individuelle Lösungen.

KOHL VERLAG PLATTENTEKTONIK Vulkane, Erdbeben & Co. ■ Bestell-Nr. 11 769